마음의
속도를
늦춰라

마음의
속도를
늦춰라

하버드대 행복학 명강의

장샤오헝 지음 | 최인애 옮김

HARVARD

다연
DAYEONBOOK

행복은 과연 어디에 있는가?

하버드대학교는 많은 사람에게 선망의 대상이다. 아직 공부 중인 학생, 이미 사회에 진출한 직장인, 심지어 어느 정도 성공을 거둔 사람도 모두 경외의 눈빛으로 하버드대학교를 바라본다. 그들의 눈에 비친 하버드대학교 졸업장은 명예와 부를 약속하는 '보증서'나 다름없기 때문이다.

하버드생들의 마음을 사로잡은 강의 중 하나가 탈 벤 샤하르 교수의 '긍정심리학'이다. '행복학'이라고도 불리는 이 강의는 학술적 영역을 넘어 학생들의 인생 전반에 긍정적인 영향을 미쳤다. 당연히 그는 하버드에서 가장 환대받는 교수이자 '인생의 스승'으로 떠올랐다. 이를 반영하듯 그의 저서 《해피어(Happier)》는 열여섯 개가 넘는 언어로 번역되어 전 세계 각국에 출판되었다. 물론, 그 역시 처음부터 이런 반응을 예상했던 것은 아니다.

"긍정심리학 강의를 시작했을 때, 첫 수업에 온 학생은 겨우 여덟 명이었다. 그중 두 명은 도중에 강의 신청을 철회했다. 그런데 두 번째로 강의를 열었을 때 무려 400여 명이 신청했으며, 세 번째 학기에는 855명이 몰려왔다. 이토록 많은 학생 앞에 서는 것만도 떨리는 일인데, 학생의 부모와 가족 심지어 각종 매스컴 종사자들까지 강의를 듣겠다고 왔을 땐 정말 너무 긴장해서 기절할 것만 같았다."

샤하르 교수의 행복학 강의는 각계각층의 관심을 끌었다. 매스컴에 보도된 이후에는 전 세계의 주목을 받았다. 그는 CNN, BBC를 비롯 이탈리아의 〈라 스탐파(LA STAMPA)〉, 한국의 〈코리아타임즈〉 등에 소개될 정도였다.

물질적으로는 과거 그 어느 때보다도 풍족하고 부유한 현대사회에서 그의 행복학 강의는 현대인에게 '진정한 행복이란 무엇인가'라는 질문을 던진다. 동시에 행복에 대한 잘못된 생각을 짚어내 진정한 행복은 생각보다 먼 곳에 있지 않음을 역설한다.

그의 강의는 대부분 개인적 경험에서 얻은 깨달음에 기초를 두고 있다. 과거에 그는 하버드에서 가장 우수한 학생으로 뽑혀 영국 케임브리지대학교 교환학생으로 가기도 했다. 이스라엘에서는 스쿼시 선수로 전국 우승을 차지한 적도 있다. 누가 봐도 자랑스러워할 만한 성과를 이룩했으나 그는 지난 30여 년간 한 번도 행복하지 않았다고 고백했다. 진정한 행복을 찾기 위해 그는 행복을 하나의 학문으로 연구하기 시작했고, 마침내 많은 사람이 알면서도 간과한 행복의 비밀을 알아냈다. 그 후 그는 자신의 개인적 경험과 연구 성과를 연계하여 참된 행복의 의미를 전파하기 시작했다. '행복이 인생의 유일한 기준이자 모든 목표의 최종 목표'라는 그의 생각은 갈수록 더 많은 사람에게 공감을 얻고 있다.

혹자는 묻는다.

"죽어라 뛰어다니며 일하지 않으면 밥 한 술 먹기도 어려운 이 치열한 경쟁 시대에 한가로이 행복을 논할 시간이 어디 있는가?"

이 질문은 언제부턴가 목표와 수단이 뒤바뀌어버린 현대인의 아픈 초상을 여실히 보여준다. 더 나은 행복을 위해 오늘의 행복을 묵살한 채 내일의 행복을 좇는 현대인의 모습은 분명 뭔가 잘못되었다. 물론 풍족하든 궁핍하든 인간은 언제나 행복 추구를 그치지 않아야 한다. 일도, 휴식도 모두 더 행복해지기 위한 것이다. 인생살이에서 행복은 가장 궁극적인 목적이다. 그러나 이 사실을 망각한 채 주객이 전도되어 지엽적인 수단에 집착할 때, 우리는 불행해진다.

어쩌면 행복은 한순간도 우리 곁을 떠나지 않았는지 모른다. 그저 우리의 내면 깊은 곳에 자리한 채 갖가지 스트레스와 부정적인 감정에 짓눌려 숨죽이고 있었는지도 모른다. 우리가 불행할 수밖에 없었던 진짜 이유는 그러한 비관주의에 사로잡혀 행복을 꿈꾸지만 실제로는 더 이상 행복을 찾지도, 추구하지도 않는 아이러니한 삶의 패턴에 있을 것이다.

사실, 행복은 언제나 우리 곁에 있다. 조금만 시선을 돌리면, 조금만 생각을 바꾸면, 조금만 미소를 지으면 행복을 어렵지 않게 발견할 수 있다. 행복은 늘 우리 곁에서 조용히 우리를 기다리고 있는 것이다. 그래서 행복해지기로 결심하고 행복을 찾는 사람만이 행복을 발견할 수 있다.

이 책에는 '행복은 과연 어디에 있는가?'라는 질문에 대한 답이 담겨 있다. 물론 그 답은 샤하르의 행복학 강의를 바탕으로 하고 있다. 진정한 행복을 찾는 모든 이에게 이 책이 그야말로 행복한 인생살이의 길라잡이가 되기를 바라 마지않는다.

장샤오헝

하버드대 행복학 명강의 🕐 1강

하버드대 행복학 명강의 🕐 2강

하버드대 행복학 명강의 🕐 3강

하버드대 행복학 명강의 🕐 4강

하버드대 행복학 명강의 🕐 5강

하버드대
행복학
명강의

1강

행복이란 무엇인가?

하루하루 나이를 먹어가고 생활이 점점 더 바빠질수록 우리는 세상의 다채로움에 점차 무뎌진다. 그러다 어느 순간, 마땅히 감동해야 할 인생살이에서 아무것도 느끼지 못하는 자신과 마주한다. 실제로 이 시대의 많은 사람이 행복을 제대로 느끼지 못한 채 살아가고 있다. 그러니 삶은 점차 빛을 잃어간다. 지금 아무리 분주하더라도 차분히 자문해보자.

"지금, 나는 행복한가?"

바쁘게 돌아가는 세상 속에서 우리는 '성실'이라는 이름 아래 매일 판에 박힌 똑같은 일상을 반복한다. 하지만 마음속 깊은 곳에서는 '여전히 나는 행복하지 않다'고 느낀다. 과연 행복은 어디에 있는가? 혹시 행복은 옆집에 있을까?

옆집 사람은 나보다 돈을 적게 버는데도 그 집에 웃음소리가 끊이지 않는다. 분명 나보다 직장도 별로인데 매일 저녁 근처 공원에 나가 산책을 할 만큼 여유가 있다. 나처럼 고급 승용차를 모는 것도 아닌데, 소형차를 타고 다니면서 항상 콧노래를 부른다. 대체 어떻게 된 것일까?

1961년 제작된 미국 영화 〈초원의 빛(Splendor In The Grass)〉은 당시 각계각층의 호평을 받았다. 같은 고등학교를 다니는 남주인공 버드와 여주인공 윌마는 서로에게 호감을 느낀다. 그러나 윌마는 엄격한 가정교육과 부모의 철저한 보호 때문에 자기 마음대로 할 수 있는 일이 전혀 없었다. 결국 버드와 윌마는 안타깝게도 헤어져서 각자의 길을 가게 된다.

몇 년 후 해 질 무렵, 두 사람은 버드의 목장에서 재회한다. 시카고의 대학을 졸업하고 돌아온 윌마가 버드에게 쓸쓸함이 가득 묻어나는 목소리로 묻는다.

"행복하니?"

한때 찬란했던, 그러나 지금은 평범한 농부가 된 버드는 자신의 집을 망연히 바라보며 중얼거린다.

"나는 한 번도 나 자신에게 그런 질문을 해본 적이 없어."

인생이란 참으로 어쩔 수 없는 것이다. 젊은 시절에는 인생을 알 수가 없고, 인생이 무엇인지 알 때쯤 되면 더 이상 젊지 않다. 여기서 '젊음'이란 단순한 나이가 아닌, 순수함과 열정을 말한다. 순수함을 저버리고 열정을 외면하는 일이 반복되면 우리 인생은 행복과 영영 상관없는 길로, 심지어 전혀 반대되는 길로 향하게 된다.

사실, 행복은 하나의 감각이다. 행복을 위한 조건은 없으며, 모든 것은 마음가짐에 달려 있다. 행복하기로 마음먹는다면 길가의 허름한 포장마차에서 끼니를 해결해도 얼마든지 즐거울 수 있다. 그러나 욕심과 이해득실에 얽매여 마음의 평화를 잃으면 산해진미를 먹어도 모래를 씹는 것 같고 천하의 절경을 보아도 피곤할 뿐이다. '만족할 줄 알면 항상 즐겁다'라는 옛말처럼 지나친 욕심만 버린다면 행복을 얻기란 그리 어렵지 않다.

행복이란 무엇인가? 사람은 누구나 자신만의 행복 기준을 가지고 있고 이 기준이 충족됐을 때 비로소 행복하다고 느낀다. 그래서 다른 사람의 행복이 내가 생각하는 행복과 다를 수 있다. 이렇듯 행복은 지극히 주관적인 것이지만 그래도 행복의 조건을 정의한다면, 두 가지로 압축할 수 있을 것이다. 하나는 자신이 사랑하는 사람과 함께 있는 것이요, 다른 하나는 자신이 좋아하는 일을 하는 것이다.

우리는 먹고살기 위해, 꿈을 이루기 위해 날마다 고군분투한다. 복잡하고 냉정하게 돌아가는 사회 시스템에서 매일 최선을 다해 일하고, 더 좋은 지위와 더 많은 소득을 위해 오랜 친구와의 술자리도 외면한 채 죽어라 야근을 한다. 그런데 한번 생각해보자. 이것이 과연 당신이 원하던 인생인가? 내면의 진실한 목소리는 지금 당신에게 뭐라 말하고 있는가?

"나는 행복한가?"

놀랍게도 우리는 이 중요한 문제를 일부러 외면할 때가 많다. 그러면서 누군가가 자신의 행복에 대해 고민하기 시작하면 오히려 무슨 일이 있느냐며 걱정한다. 사실, 삶의 질은 관심사가 어디에 집중되어 있느냐에 따라 결정된다. 예를 들어 먹고사는 문제에 관심을 집중하면 자기계발에는 자연히 소홀해진다. 반대로 정신적인 수준을 높이는 데만 관심을 쏟으면 생계가 어려워질 수도 있다. 모든 면에서 두루 균형 잡힌 삶을 원한다면 때때로 자기 자신을 점검해봐야 한다. 가끔은 스스로에게 "나는 행복한가?" 하고 자문해보자. 세상 사람들이 당신을 이상하게 볼지라도 나 자신의 행복에 대해 고민하기를 멈추지 말라!

▼

샤하르는 강조했다.

"행복한 사람은 자신의 삶에 기쁨과 의미를 가져다줄 명확한 목표를 세우고 온 힘을 다해 그것을 추구한다. 또한 자신이 의미 있다고 생각하는 방식대로 살면서 아주 작은 행복까지 놓치지 않고 누린다."

이렇듯 사랑하는 사람과 함께하며, 좋아하는 일을 하고, 욕심 없는 담백한 시선으로 주위의 모든 것을 바라본다면 누구나 행복을 움켜잡을 수 있다.

---------- ★ ----------

행복과 돈의 상관관계

---------- ★ ----------

샤하르는 말한다.

"돈과 행복은 둘 다 인생에 없어서는 안 될 필수품으로, 절대 서로 대치되는 개념이 아니다."

돈과 행복은 질 높은 삶의 필수요건이다. 물론 행복감이 물질적 수준과 반드시 정비례하는 것은 아니다. 분명 먹고살기에 급급한 사람은 행복지수도 낮다. 그러나 생계 걱정 없는 부유한 이들이 꼭 행복하다고 단언할 수는 없다.

실제로 행복지수가 가장 높은 계층은 대개 중산층의 봉급생활자다. 이들은 당장 먹고살 일을 걱정하지 않아도 되고 사업 스트레스에 시달리지도 않는다. 그저 자기 가정을 지키고 맡은 일을 하면서 가끔 친구들과 술 한 잔 나눈다. 혹은 여가 시간을 이용해 독서나 서예 같은 취미 활동을 즐긴다. 이 얼마나 행복한가!

하버드대학교에서 미국의 대학생 1,500명을 대상으로 전공 선택의 이유를 조사한 결과, 무려 1,225명이 돈을 벌기 위해서라고 답했다. 적성에 맞아서 혹은 흥미에 따라서 전공을 정한 학생은 고작 245명에 그쳤다. 그런데 돈을 많이 벌면 행복할 것 같으냐는 질문에 후자는 자신 있게 자기 의견을 피력한 반면, 전자는 대부분 제대로 답하지 못했다.

삶의 수준이 높아질수록 삶의 조건 또한 좋아진다. 그럼에도 여전히 많은 사람이 자신은 행복하지 않다고 생각한다. 심지어 물질은 풍족해졌지만 행복감은 오히려 줄었다고 느끼는 이가 많다.

몇 해 전 40여 개국에서 국가당 1,000명을 대상으로 재산과 생활만족도 사이의 상관관계를 조사하는 대규모 연구가 진행됐다. 연구결과에 따르면 비교적 빈곤한 국가의 경우 재산 증가가 생활만족도 향상에 직접적인 영향을 주는 것으로 나타났다. 그러나 국민총생산이 8,000달러를 넘어서면 그 후로는 재산이 증가해도 생활만족도가 지속적으로 높아지지 않았다. 다시 말해 생계를 유지하는 것 자체가 힘들 정도로 가난할 때는 돈이 행복과 기쁨을 가져다주지만 일단 먹고사는 문제가 해결되고 나면 수입이 아무리 늘어도 그로 말미암아 행복감이 커지지는 않는다는 것이다.

또 다른 연구에서는 돈에 대한 인식이 돈 자체보다 행복감에 더 큰 영향을 준다는 사실이 드러났다. 즉, 돈을 중요시하는 사람일수록 자신의 수입에 불만을 느끼고 현재의 삶을 행복하지 않다고 생각할 가능성이 크다는 것이다.

행복에 대한 정의는 사람마다 다르다. 그러나 여전히 많은 이가 돈이 있어야만 진정으로 행복해질 수 있다고 믿는다. 정말 그럴까? 오로지 돈을 목적으로 살아가는 인생에 과연 행복이나 기쁨이 있을까? 이에 대해 샤하르는 말한다.

"돈을 목적으로 살아가는 사람이 행복하지 못한 이유는 그들에게 다른 선택의 여지가 없어서가 아니다. 물질을 행복보다 더 높은 자리에 올려놓은 그들의 결정이 자신을 불행하게 만든 것이다."

연봉이 50만 위안에 달하는 A씨. 그에게 가장 큰 낙은 직접 장을 봐서 맛있는 요리를 해먹는 것이다. 자기 손으로 만든 맛난 요리를 먹으며 맥주 한 잔 마시는 것보다 더 행복한 일은 없다는 게 그의 지론일 정도다. 하지만 안타깝게도 그가 이런 호사를 누리는 날은 1년에 두세 번뿐이다. 평소에는 끼니를 챙길 시간조차 없을 정도로 바쁘기 때문이다.

연봉 100만 위안의 CEO B씨. 그는 해외로 휴가를 가도 매번 노트북을 챙겨가서 직원들과 수시로 통화하며 업무를 본다. 시차 때문에 직원들의 업무 시간에 맞추려면 새벽같이 일어나 국제전화를 걸어야 하고, 때로는 밤을 꼬박 새울 때도 있지만 어쩔 수 없다. 회사에는 늘 긴급한 일이 산적해 있기 때문이다. 이렇듯 밤낮을 가리지 않고 일한 덕분에 돈은 많이 벌었지만 스트레스도 덩달아 늘어났다. 꿈에서도 일하는 마당에 느긋하게 일광욕을 즐길 여유가 어디 있겠는가?

과거에 연봉 50~60만 위안을 받았던 C양은 자신의 인생을 생각하면 울컥 눈물이 난다. 곧 마흔을 바라보는 그녀는 아직도 독신이다. 게다가 정신적으로 스트레스를 많이 받은 탓인지 최근에 '갑상선 기능 항진증'이라는 진단을 받았다. 화병 증세도 있고, 불면증에 시달리는 날도 많다. 돈을 꽤 많이 벌었는데도 어째서 행복하지 않을까? 그녀는 하늘이 원망스럽다.

이런 사례는 우리 주변에서 흔히 볼 수 있다. 많은 사람이 돈이 곧 행복이라는 착각에 빠져 무조건 돈만 보고 달려간다. 외제차를 모는 사람은 국산차를 모는 사람보다 행복할 거라는 선입견에 푹 빠져서 말이다. 하지만 막상 애써서 돈을 벌고 나면 자신도 모르는 사이에 행복이 어디론가 사라졌다는 사실을 깨닫고 허탈해하기 일쑤다. 과거 말단직원이었을 때는 퇴근 후에 마시는 맥주 한 잔에서도 행복을 느꼈지만, 임원이 된 지금은 고급 술집에서 비싼 양주를 마셔도 그때의 행복감이 느껴지지 않는다. 오히려 모든 것이 부족했던 옛날이 더 행복했던 것 같다. 대체 왜일까?

인생에 의미를 부여하는 것은 물질이 아니기 때문이다. 행복은 전적으로 개인의 마음에 달려 있다. 돈이 많고 적고는 중요하지 않다. 마음이 부유해야 한다. 그래야 진정으로 행복할 수 있다.

돈은 식량과 주거지를 얻는 목표의 실현 수단에 지나지 않는다. 재미있는 점은 우리가 종종 목표와 수단을 혼동하고, 돈(수단)을 얻기 위해 행복(목표)을 희생한다는 것이다. 돈은 인생의 행복을 가늠하는 척도가 아니다. 돈이 많다는 것은 부유하다는 뜻일 뿐, 행복을 보장해주지는 않는다.

나답게 살면 행복이 온다

미국 작가 잭 케루악(Jack Kerouac)은 말했다.

"만약 내가 다시 청년이 된다면, 그때는 나만의 길을 갈 수 있기를 간절히 바란다."

과연 젊음을 무기로 자신만의 길을 용기 있게 걸어갈 사람이 얼마나 될까? 우리는 종종 세상의 화려한 외피에 매혹되고 타인의 시선에 얽매여 다른 사람의 기대를 자신의 목표로 착각 내지 혼동한다. 그러다 인생의 끝자락에 다다라서야 비로소 자신이 여태껏 걸어온 길이 얼마나 힘들고 고통스러웠는지를 깨닫는다.

다른 사람의 기대란 이웃집 정원에 핀 화초와 같은 것이지, 자신이 정말로 바라는 바가 아니다. 게다가 오히려 스스로를 피곤하게 만들고 행복에서 더 멀어지게 한다. 내 운명의 주인은 나 자신이다. 그러니 다른 사람의 기대 속에 살지 말라!

한때 미국인이 가장 사랑하는 가수였던 팝스타 브리트니 스피어스는 남자 친구 저스틴 팀버레이크와 헤어진 뒤 한동안 비정상적인 행동으로 구설수에 오르내렸다. 그녀는 치료차 들어간 재활 시설 안에서 뛰어다니며 "나는 가짜다! 나는 가짜다!"라고 외치거나 거리로 나가 사람들과 스스럼없이 사진을 찍는 등 기행을 일삼았다. 그러던 어느 날 그녀는 자기 손으로 직접 삭발을 해버렸다. 그 탐스럽고 아름다운 금발 머리를 완전히 밀어버린 후, 그녀는 거울을 보며 이렇게 중얼거렸다고 한다.

"엄마가 보면 엄청 화내겠는걸."

대체 무엇이 그녀를 그토록 무너지게 했을까?

예전에 브리트니는 자기 인생에서 가장 고통스러웠던 일로 '유년 시절을 잃어버린 것'을 꼽은 적이 있다. 사실, 그녀가 연예인이 된 데는 어머니의 영향이 컸다. 젊은 시절에 스타가 되고 싶었던 어머니는 자신의 꿈을 어린 딸이 대신 이뤄주기를 바랐다. 그래서 브리트니가 두 살 되던 해부터 그녀의 연예인 가능성을 타진했고, 실제로 TV 프로그램에 출연시키기도 했다. 결국 브리트니는 어머니의 바람대로 어린 나이에 스타덤에 올랐다.

그러나 그녀의 어머니는 가장 중요한 점을 간과했다. 어린 브리트니가 정말로 원하는 것은 스타로서의 삶이 아닌, '즐겁고 행복한 평범한 여자아이'가 되는 것이라는 사실이었다.

브리트니가 자신을 '가짜'라고 부르고, 머리카락을 밀어버리고, 거리에 나가 보통 사람들과 어울리려고 했던 것은 그동안 진정한 자아를 억누르며 쌓여온 스트레스가 한꺼번에 폭발함으로써 나타난 행동들이었다.

인생은 온전히 자신의 것이다. 어떻게 살 것인지를 스스로 발견하고 결정해야 한다. 타인의 기대에 부응하기 위해 자신이 원하지도 않는, 혹은 아무런 흥미도 없는 길로 갈 필요는 없다. 하지만 많은 사람이 남의 시선을 의식하며 살다가 결국 자신이 원하는 바를 잃어버리고, 길지 않은 인생을 헤매며 허비한다. 이러한 인생에서 얻을 것은 그리 많지 않다. 진정으로 풍성한 소득을 얻고 싶다면 타인의 목소리가 아닌, 자기 내면의 목소리에 귀를 기울여야 한다.

인터넷에서 종종 볼 수 있는 다음의 문장은 이런 이치를 매우 신랄하게 보여준다.

'다른 사람의 외모를 평가하지 말라. 그 사람이 당신 덕에 밥 벌어먹는 것도 아니지 않는가. 다른 사람의 행실을 평가하지 말라. 당신이 그 사람보다 훌륭하다고 장담할 수는 없다. 돈을 마구 쓰지 말라. 당장 내일이라도 실업자가 될 수 있다. 힘 좀 있다고 함부로 뻐기지 말라. 당장 내일이라도 힘없는 자가 될지 모른다. 오늘을 원망하며 보내지 말라. 죽음은 당장 내일이라도 당신을 찾아올 수 있다.'

인생은 짧다. 그렇기에 최선을 다해 정말 좋아하는 일을 하면서 진실한 나 자신으로 살아가야 한다. 타인의 기대와 시선 속에 사는 인생은 거울에 비친 그림자일 뿐이다. 그것은 절대로 진정한 행복을 가져다주지 못한다.

다른 사람의 기대에 부응하기 위해 자기 내면의 목소리를 무시한 다면, 혹은 남의 말을 따르느라 자신의 본능이 이끄는 길을 멀리한다 면 이미 인생의 운전대를 스스로 놓아버린 것이나 다름없다. 자기 인 생의 운전대를 남에게 맡겨버리고 정작 자신은 어디로 가는지도 알 지 못한 채 그저 끌려가고만 있는 셈이다.

이렇듯 다른 사람 때문에 진정한 자아를 놓치고 눈앞의 헛된 부귀 영화에 현혹되어 초심을 잃어버리면 우리 인생은 캄캄한 어둠 속으 로 빨려들고 만다. 자기 인생조차 스스로 살아가지 못하는데 어떻게 진정한 행복을 논할 수 있겠는가?

▼

Happiness Studies at Harvard

행복한 사람은 자신만의 목표와 방향을 가지고 있다. 그리고 그 목표를 이루는 과정에서 진 정한 행복을 느낀다. 다른 사람이 인정하는 기준에 맞춰 자기 자신을 변화시키거나 자신의 결점을 감추기 위해 일부러 포장할 필요는 없다. 자신이 원하는 대로 살아가라. 그래야 진정 한 행복을 찾을 수 있다.

행복은 내 마음속에 있다

샤하르는 말한다.

"어떤 사람들은 남이 보았을 때 행복할 만한 조건을 충분히 갖추고도 여전히 불행하다고 여긴다. 꿈도 이뤘고, 성공도 했는데 말이다. 반대로 어떤 사람들은 항상 문제와 어려움을 겪으면서도 늘 삶에 대한 감사함을 잊지 않는다."

정신없이 빠르게 돌아가는 생활에 묻혀 있자면 인생의 목표가 무엇인지, 심지어 자신이 무엇을 좇고 있는지조차 모를 때가 많다. 그러면서도 왜 그렇게 열심히 사느냐고 물어보면 대부분 이렇게 답한다.

"이게 다 돈 벌자고 하는 일이지요."

문제는 신념과 이상이 결여된 이런 인생은 잠깐의 행복을 얻을 수 있을지 몰라도 행복을 지속하기는 어렵다는 점이다.

우리는 물질과 명예, 지위를 모두 갖춘 사람을 부러워한다. 그들이 당연히 행복할 것이라고 여긴다. 하지만 정말 그럴까?

유명인의 자살은 우리에게 이미 익숙한 일이 되어버렸다. 2003년, 만인의 '백마 탄 왕자' 장궈룽(張國榮)이 투신자살했을 때 얼마나 많은 이가 충격에 휩싸였던가. 이처럼 유명인의 자살 소식이 들려올 때마다 사람들은 커다란 의문에 휩싸인다. 돈도 있고 명예도 있고 앞날도 창창하며 한없이 화려하게만 보이는 유명인들이 대체 왜 그런 끔찍한 선택을 한단 말인가?

여기에 우리가 간과한 사실이 있다. 비록 그들은 화려한 조명과 뜨거운 박수갈채에 둘러싸여 있지만 내면은 오히려 한없이 공허하고 고독하다는 점이다. 그렇기에 유명인일수록 더 간절히 행복을 갈망한다. 그럼에도 행복해지는 길을 끝까지 찾지 못하면 결국 자살이라는 극단적 선택을 해결책으로 꼽는 것이다. '겉으로는 웃고 있지만 마음으로는 죽어가는' 상태인 셈이다.

대만 가수 쩡쯔화(鄭智化)는 과거 '중산층'이라는 노래를 통해 현대인의 욕망, 무력함, 공허함 등을 절묘하게 표현해낸 바 있다.

'내 짐은 무겁기만 하고 내 어깨는 아프기만 하지. 나는 체면 하나 겨우 부지한 채 군중 속을 헤매네. 바라는 것은 많지만 월급이 너무 적구나. 인생이란 이렇게 평범하게 늙어가야 하는 것일까? 좋은 것도 없이, 나쁜 것도 없이……'

우리는 더 많은 것을 얻기 위해 온갖 고생을 마다하지 않는다. 그런데도 행복한 삶은 점점 멀어지기만 한다. 참으로 안타까운 노릇이다.

루시는 대학원을 졸업하자마자 누구나 부러워할 직장에 들어갔다. 그녀는 출중한 능력 덕분에 이내 회사 인재로 자리매김했으며, 채 1년도 되지 않아 관리직으로 승진했다. 최고급 아파트에 살면서 고층빌딩으로 출근하며 매일 패션잡지에 나올 법한 세련된 의상을 걸치고 거리를 활보하는 그녀는 '화려한 골드미스' 그 자체였다. 친구들이 그녀를 부러움과 선망의 눈길로 바라보는 것도 당연했다.

하지만 정작 루시 본인은 밤낮없이 스트레스에 시달렸다. 해야 할 일도 많았고 맡은 책임도 막중했기 때문이다. 그녀는 자신이 꼭 기계가 된 기분이었다. 퇴근 후에는 거의 매일 고객과 비즈니스 동업자를 접대하는 회식이 있었다. 이러한 접대는 빈번히 새벽까지 이어졌다.

"바에 앉아서 시끄러운 음악을 듣고 북적이는 사람들을 바라보고 있자면 가끔 참을 수 없을 만큼 마음이 공허해져요. 대체 행복이란 게 뭔지 모르겠어요."

재물과 명예를 얻고자 하는 욕심이 삶의 의미를 발견하는 것보다 우선시되면 인생을 즐기며 행복을 음미할 여유는 사라진다. 성공 또한 행복을 위한 수단일 뿐, 그 자체가 목적이 될 수는 없다. 삶이 불행하고 막막하게만 느껴지는가? 그렇다면 가슴에 손을 얹고 스스로에게 물어보자.

"지금의 나는 욕심을 채우는 데 급급해서 진정한 행복을 외면하고 있지는 않은가?"

돈이나 재산 그리고 명예 등은 행복과 크게 상관이 없다. 물론 그것들이 우리를 행복하게 하는 조건이기는 하지만 이런 조건이 갖춰지지 않아도 얼마든지 행복해질 수 있다.

우리는 어리석은 오류에 빠질 때가 많다. 더 많이 벌고, 더 높은 곳에 올라가고, 더 큰 명예를 얻겠다는 욕심에 눈이 멀어 진정한 행복을 놓치고 마는 그런 오류 말이다. 어쩌면 지금도 마음으로는 고통의 눈물을 흘리면서 겉으로는 괜찮은 척 자기 자신을 몰아붙이고 있는지 모른다. 혹은 남들이 부러워할 만한 자신을 만들기 위해 애써 어깨를 펴며 억지로 웃음 짓고 있는지 모른다.

행복은 다른 사람의 시선 속이 아니라 바로 나의 마음속에 있다. 있는 그대로의 자신으로 살아가는 것이 뭐가 나쁜가? 좀 더 나답게, 자유롭게 살라. 그러면 갈수록 편안하고 행복해질 것이다.

▼

Happiness Studies at Harvard

돈이 필요하지 않은 것처럼 일하고 단 한 번도 상처받지 않은 것처럼 사랑하며, 아무도 보지 않는 것처럼 춤을 추고 아무도 듣지 않는 것처럼 노래하라. 다른 사람에게 해를 입히지 않는 한도 내에서 온 힘을 다해 자기 자신으로 살아라!

타인에게 보이는 모습은 아무리 훌륭하고 화려해도 세월에 따라 빛바랜 옷에 불과하다. 그러므로 우리가 마땅히 따라야 할 것은 겉모습이 아닌, 간절하게 행복을 바라는 내면의 목소리다.

불완전한 사람이 행복하다

샤하르의 명언 중 이런 말이 있다.

'실패하는 법을 배워라, 아니면 배우는 데 실패할 것이다(Learn to fail or fail to learn).'

누구나 자신이 남보다 뛰어나고 훌륭하며 우수하기를 바란다. 그러기 위해서는 '완벽함'이 필수다. 완벽하지 않고서는 다른 사람보다 우위에 설 수 없으니까. 하지만 안타깝게도 완벽한 사람, 완벽한 일이란 이 세상에 존재하지 않는다. 그렇기 때문에 완벽을 행복의 기준으로 삼으면 불행해질 수밖에 없다. 겉으로 완벽해 보이는 사람도 실제 삶을 깊이 들여다보면 여기저기 구멍투성이인 경우가 태반이다. 즉, 인간은 태생적으로 불완전하다는 말이다.

심리학적 측면에서 보면, 자신이 완벽하지 않음을 인정하는 것은 스스로를 존중하고 직시할 심리적 원동력이 된다. 러시아의 한 심리학자 역시 '자신의 약한 부분을 솔직하게 드러내고 인정하는 것은 자아심리의 가장 강력한 방어'라고 서술했다. 그러나 실제 생활에서 자신의 약점을 발견하거나 실수를 하게 되면 우리는 어쩔 수 없는 자괴감과 자책감에 빠진다. 이렇듯 완벽하지 않은 자신을 책망하거나 부정하는 심리가 있는 한 진정한 마음의 평화와 만족을 얻기란 어렵다.

어느 왕에게 일곱 명의 딸이 있었다. 공주들은 하나같이 아름다웠는데, 머릿결이 칠흑 같았고 탐스러웠다. 왕은 딸들의 머릿결이 더욱 아름다워 보이도록 화려한 머리장식을 각각 100개씩 선물했다. 100개의 반짝이는 머리장식으로 꾸민 공주들의 모습은 더할 나위 없이 아름다웠다.

그러던 어느 날 아침, 잠자리에서 일어나 단장하던 첫째 공주는 머리장식 한 개가 없어진 것을 알았다. 공주는 크게 상심했다. 한 개가 모자란다는 것은 완벽하지 않다는 뜻 아닌가! 완벽하지 않으므로 더 이상 아름답지도 않았다. 첫째 공주는 고민 끝에 시종을 보내어 둘째 공주의 머리장식 한 개를 훔쳐 오게 했다. 둘째 공주 역시 머리장식이 사라진 것을 알아차리자마자 셋째 공주의 방에 몰래 들어가 한 개를 가져왔다. 셋째 공주도 머리장식이 모자라자 넷째 공주의 머리장식 한 개를 훔쳤다.

이런 일이 반복되자 결과적으로 머리장식이 부족해진 사람은 막내 공주였다. 하지만 막내 공주는 아흔아홉 개의 '불완전'한 머리장식을 보고 실망하기는커녕 오히려 기뻐하며 말했다.

"아흔아홉 개라니! 99는 영원함을 의미한다잖아. 나에게 뭔가 좋은 일이 생기려나 봐."

다음 날, 이웃 나라의 멋진 왕자가 머리장식 한 개를 들고 왕을 찾아와 말했다.

"이것은 이 나라의 일곱 공주님 중 한 분의 머리장식입니다. 부디 이 머리장식의 주인과 결혼할 수 있도록 허락해주십시오."

머리장식이 한 개 부족했던 막내 공주는 그 왕자와 결혼해서 행복하게 살았다.

사람들은 왜 부족한 것을 보면 어떻게든 채우려고 애쓸까? 머리장식 100개가 다 있어야 완벽한 인생이고, 한 개가 모자라면 망친 인생인가? 어쩌면 한 개가 모자란 덕에 더욱 좋은 일이 생길 수도 있지 않은가? 신은 우리의 인생에서 한쪽 문을 닫을 때 다른 쪽 창문을 열어둔다. 그런데 그 열린 창문을 보지 않고 굳게 닫힌 문만 바라보며 슬퍼한다면 고통 속에 뒹굴다 자신을 잃게 될지도 모른다.

칼릴 지브란(Kahlil Gibran)은 말했다.

"성공한 사람은 반드시 두 개의 마음을 갖고 있다. 하나는 사랑하는 마음이고 다른 하나는 받아들이는 마음이다."

자기 자신의 부족함마저 받아들이지 못한다면 다른 사람을 어떻게 받아들이겠는가? 또 세상이 주는 갖가지 시험과 어려움을 어떻게 수용하겠는가? 자기 자신조차 감싸지 못하면서 어떻게 이 세상을 사랑하고 진정한 행복과 아름다움을 찾아 누리겠는가?

에이브러햄 링컨이 대중 앞에서 취임 연설을 할 때였다. 분위기가 한창 고양되었을 즈음, 링컨을 못마땅하게 생각하던 누군가가 크게 소리쳤다.

"잊지 마시오, 링컨! 당신은 한낱 구두 수선공의 아들일 뿐이라는 사실을!"

장내는 일순간 침묵에 휩싸였다. 잠깐의 정적 후, 사람들은 너무 심한 인신공격 아니냐며 저마다 수군댔다. 그러나 정작 당사자인 링컨은 의연하게 말했다.

"그렇습니다. 저는 구두 수선공의 아들입니다. 안타깝게도 저의 아버지는 이미 세상을 떠나셨지만, 만약 당신의 구두가 망가진다면 제가 고쳐드릴 수 있습니다. 하지만 죄송하게도 아버지가 하시는 것처럼 멋지게 고칠 수는 없을 것 같군요. 저의 아버지는 그만큼 훌륭한 분이셨습니다."

링컨의 대답에 사람들은 힘껏 박수를 쳤다.

자신의 불완전함을 용감하게 인정하고 솔직한 태도로 삶을 대할 때, 우리는 존중과 인정의 박수갈채를 받고 내면에서 우러나는 진정한 기쁨까지 얻을 수 있다. 인생에는 빛과 그림자가 끊임없이 교차한다. 그림자는 없고 빛만 있다면 빛이 아름답다는 사실을 어찌 알겠는가? 완벽한 사람은 무언가를 간절히 바라고 추구하는 마음이나 마침내 그것을 얻었을 때의 환희를 평생 알 도리가 없다. 어쩌면 부족함이 있기에 비로소 완전함을 이루어갈 수 있는지도 모른다.

타인의 불완전함을 받아들일 때, 그리고 계속되는 삶에 감사하는 마음을 가질 때 우리는 진정으로 완전해질 수 있다.

사랑하고 용서할 수 있는 용기를 가져라. 다른 이의 행복을 위해 자신의 마음을 기꺼이 베푸는 아량을 배워라. 자신을 둘러싼 모든 사랑을 소중히 여기고 감사하라. 그러면 언제까지나 행복한 사람으로 살 수 있을 것이다.

▼

Happiness Studies at Harvard

"예전에 나는 존경받는 교수가 되기 위해 학생 앞에서는 늘 완벽하고 흐트러지지 않은 모습만 보이려 애썼다. 그러나 얼마 지나지 않아 그것이 완전히 잘못된 방법임을 깨달았다. 이런 방법으로는 학생과 통할 수 없었고 오히려 잘못된 길을 제시할 뿐이었다. 불완전함을 인정하는 것, 그게 바로 '완벽한 사람이 되는 길'이다."

희로애락이 두루 있는 인생이야말로 진정한 인생이다. 인간은 불완전하기에 사랑스럽다. 자신의 부족함을 정면으로 대할 때, 인생은 비로소 아름답고 완전해진다.

나만의 장점에 집중하라

마리안느 윌리암슨(Marianne Williamson)은 저서 《사랑의 기적(A return to love)》에 다음과 같이 썼다.

'우리의 가장 큰 두려움은 자신의 능력이 부족한 데서 오지 않는다. 오히려 측정할 수 없을 만큼 큰 힘을 가지고 있는 데서 온다. 우리를 가장 놀라게 하는 것은 자신 안의 어둠이 아니라 빛이다.'

인생은 절대로 완벽할 수 없다. 당연히 우리 역시 완전무결할 수 없다. 인간이라면 누구나 크고 작은 결점과 부족함을 가지고 있게 마련이다. 그래서 완벽해지고자 아무리 노력해도 결국 무위로 돌아가는 것이다. 티끌 없이 완벽한 옥은 존재하지도 않고, 아름답지도 않다. 오히려 한 점의 티가 옥을 더욱 가치 있고 아름답게 만든다. 사람도 마찬가지다. 그러니 자신의 결점과 약점을 솔직히 인정하고 강점과 장점에 집중하라. 완벽하지 않아도 얼마든지 행복해질 수 있다는 놀라운 사실을 깨닫게 될 것이다.

한 사람이 시각장애인에게 물었다.

"매일 캄캄한 어둠 속에서 살다니, 고통스럽지 않으세요?"

그러자 시각장애인이 고개를 갸웃거리며 되물었다.

"뭐가 고통스럽다는 거죠? 저는 충분히 행복한걸요."

"눈이 보이질 않잖아요."

"그래요. 저는 눈이 보이지 않아요. 그래도 농아보다는 소리를 잘 듣고 말도 잘해요. 하반신장애인에 비하면 잘 걷지요. 내가 할 수 있는 것, 그것도 잘할 수 있는 것에 집중하면 보이지 않는 고통 따위는 쉽게 넘어설 수 있답니다. 듣고 말하고 걷는 것 외에도 나는 아주 많은 장점을 가지고 있어요. 그러니 고통스러울 이유가 없지요."

누구나 자신이 완벽해지기를 바라고 다른 사람의 눈에도 완전무결해 보이길 바란다. 그러나 금은 순금이 없고 사람은 완벽한 사람이 없는 법. 어차피 완벽할 수 없는 인생이라면 모든 면에서 완벽하기 위해 자기 자신을 채찍질할 이유도 없지 않은가?

어쩌면 당신은 옆자리의 짝꿍만큼 예쁘게 생기지는 않았어도 모두가 탄복할 만큼 손글씨를 잘 써서 더 큰 주목을 받을지 모른다. 어쩌면 당신은 노래를 못해도 악기 다루는 솜씨가 좋아 선율로 인생의 희로애락을 노래할는지 모른다. 무엇이 됐든 당신에게는 남이 가지지 못한 재주와 장점이 반드시 있다. 그것만으로도 자부심을 가질 이유는 충분하다.

영국 소년 앳킨슨은 둔해 보이는 생김새에 말투와 행동도 어눌하기 그지없었다. 그의 식구들은 그가 분명히 지능이 낮거나 바보일 것이라고 생각했고, 학교 선생님들은 짓궂은 장난으로 수업 분위기를 흐리는 그를 처지 곤란한 골칫거리로 보았다. 잘난 구석이 하나도 없고 앞날이라고는 더더욱 기대할 수 없는 애물단지, 이것이 바로 사람들이 생각하는 앳킨슨이었다.

그러나 그에게는 누구도 따라올 수 없는 탁월한 재능이 한 가지 있었다. 바로 코미디 연기였다. 연기를 어찌나 천연덕스럽게 잘하는지 그가 마음만 먹으면 친구이든 선생님이든 가족이든 기어코 웃기고 말았다.

자신의 재능을 깨달은 앳킨슨은 그것을 더 갈고닦기로 결심했다. 그는 틈날 때마다 재미있는 표정을 연습했고, 온갖 코미디 연기를 섭렵했다. 그의 연기는 사람들에게 커다란 웃음을 주었고, 딱딱하고 지루하기만 했던 교실에 즐거움과 활력을 불어넣었다. 그러자 사람들은 어느새 그를 좋아하게 되었으며 그와 친구가 되기를 원했다. 그가 바로 오늘날 영국의 대표적 코미디언 배우 로완 앳킨슨이다.

그는 〈미스터 빈(Mr. Bean)〉으로 일약 스타덤에 올랐고 엄청난 부와 명예를 얻었다. 그러나 그는 사람들이 자신을 인정하고 찬사를 보내기 훨씬 전부터 이미 행복을 누리고 있었다. 일찌감치 자신의 재능을 발견했기 때문이다.

사람은 누구나 자신만의 장점과 재능이 있다. 비록 지금 당장은 자기 자신에게 실망할 일밖에 없고 어려운 상황에 처했다 해도 괜찮다. 자신에게도 남이 부러워할 만한 장점이 있다는 사실만 잊지 않으면 된다. 단점 역시 무시하면 안 되지만 그럼에도 장점이 훨씬 더 중요하다.

스스로 재능 없고 평범하다고 단정하지 말라. 자신을 비하하는 것은 더더욱 금물이다. 언젠가는 반드시 자신 안의 빛이 다른 사람의 눈에도 보일 날이 온다. 중국 시인 볜즈린(卞之琳)은 시 〈단장(斷章)〉에서 이렇게 노래했다.

'당신은 다리 위에서 풍경을 바라보고, 풍경을 바라보는 누군가는 누각 위에서 당신을 바라본다. 밝은 달은 당신의 창가를 장식하고, 당신은 누군가의 꿈을 장식한다.'

강인한 의지와 스스로에 대한 믿음으로 가혹한 운명과 싸웠던 여성도 있다. 마크 트웨인이 나폴레옹과 더불어 19세기의 가장 흥미로운 인물로 꼽은 헬렌 켈러가 바로 그 주인공이다.

헬렌 켈러의 삶은 그 자체만으로 많은 이의 칭송을 받을 만하다. 그녀는 이중, 삼중의 장애 속에서도 고통과 절망을 딛고 행복을 찾아냈으며 많은 사람에게 그것을 전파했다. 보이지 않고 들리지 않는 상태에서 온몸의 감각만 예민하게 살아 있던 그녀가 처음 'water'라는 글씨를 썼을 때, 처음 말을 했을 때, 하버드대학교의 레드클리프칼리지 문턱을 넘었을 때, 첫 번째 작품을 세상에 발표하고 첫 번째 상을 받았을 때, 항상 고통과 절망을 이겨냈다. 그녀의 내면 깊은 곳에 자기 자신을 믿는 마음과 강인한 영혼이 없었다면 그 모든 것은 불가 능했으리라.

헬렌 켈러는 말했다.

"태양을 바라보고 달려라. 그러면 그림자는 보이지 않을 것이다."

부디 우리 모두가 이처럼 행복해질 수 있기를 바란다.

▼

세상에는 두 종류의 일이 있다. 하나는 바꿀 수 있는 일이고 다른 하나는 바꿀 수 없는 일이다. 바꿀 수 없는 일을 바꾸려고 하는 것은 헛된 시도이며, 괴로움만 더해질 뿐이다. 행복해지고 싶다면 먼저 바꿀 수 없는 일들을 있는 그대로 받아들이고 자신의 힘으로 바꿀 수 있는 일들을 찾은 뒤 그것을 바꾸기 위해 꾸준히 노력하라.

세상에 완벽한 사람은 없다. 그러니 먼저 부족한 자신을 인정하고, 단점에 집중하는 대신 장점을 찾아보자. 그렇게 찾아낸 장점은 진정한 자부심의 크나큰 자산이 될 것이다.

---★---

지금 바로 행복해지는 법

---★---

어느 심리학자가 말했다.

"자기 자신을 사랑하려면 먼저 스스로를 많이 칭찬해야 한다. 또한 자신의 감정을 있는 그대로 받아들이고, 자신을 위해 감동하고 자신을 위해 눈물 흘리며 충분한 동정심과 연민을 가져야 한다. 자기 자신에게 따뜻함을 베풀어라."

하지만 자기 자신을 있는 그대로 사랑하는 사람은 드물다. 대다수가 자신이 진심으로 원하는 것은 외면한 채 강박적으로 '극단적 완벽함'을 추구한다. 정신분석학자 카렌 호나이(Karen Horney)의 말처럼 '자신에게 가장 가혹한 폭군'으로 군림하는 것이다.

우리의 부족함 뒤에는 드러나지 않는 '빛'이 숨어 있다. 그림자가 생기는 이유는 빛이 있기 때문이다. 그래서 그림자는 인생이 준 선물이다. 작가 데비 포드(Debbie Ford)는 이에 대해 '소심함은 뜻밖의 화를 면하게 하는 조심스러움이 될 수 있고, 상황에 따라 무식한 사람처럼 구는 것이 문제를 해결하는 가장 좋은 방법일 수 있다'며 '자신의 부족함을 진심으로 끌어안을 때 비로소 완전한 인생을 살게 될 것'이라고 말했다.

미국 작가 부스 타킹턴(Booth Tarkington)은 평소 이런 말을 자주 했다.

"나는 인생에 무슨 일이 생기든 다 참을 수 있다. 하지만 단 한 가지, 눈이 멀어버리는 것만큼은 참을 수 없다."

그런데 예순을 넘기면서 타킹턴의 시력은 급격히 나빠지기 시작했다. 그가 가장 두려워하던 일이 일어난 것이다. 하지만 그는 이 일을 스스로도 놀랄 만큼 긍정적으로 받아들였다. 시력이 떨어지면서 눈앞에 크고 검은 점이 어른거릴 때마다 그는 이런 농담을 했다.

"아이고, 검은 점 양반이 또 나타나셨구먼. 날씨가 이렇게 좋은데 어디 가시는 길인가?"

마침내 시력을 완전히 잃은 후, 타킹턴은 말했다.

"막상 겪어보니 다른 일과 마찬가지로 시각장애인이 되는 것 역시 충분히 받아들일 수 있는 일임을 알게 됐다. 아마 나머지 오감을 모두 잃는다 해도 괜찮을 것이다. 왜냐하면 감각을 잃어도 나는 여전히 나의 마음과 생각 속에서 살아갈 수 있기 때문이다."

눈이 완전히 멀기 전에 타킹턴은 시력 회복을 위해 1년 동안 무려 열두 번의 수술을 받았다. 그는 수술을 받을 때마다 인간의 눈처럼 세

밀한 기관을 수술할 만큼 의료 기술이 발달한 시대에 태어난 행운에 감사했다고 한다.

수술을 열두 차례나 받고도 결국 시력을 잃었다면 당신은 어떻게 반응했을까? 타킹턴은 이 일로 오히려 인생이 허락한 모든 것을 겸허히 받아들이는 법을 배웠으며, 인생은 자신이 감당하지 못할 일이나 받아들일 수 없는 일을 절대 주지 않는다는 사실도 깨달았다.

완벽을 향한 갈구가 커질수록 우리는 자신의 불완전한 부분을 자꾸 발견하게 된다. 그래서 헬스클럽마다 사람이 넘쳐나고 성형외과가 문전성시를 이루는 것이다. 하지만 꽃이 아무리 향기롭게 핀다 한들 언젠가는 지게 마련이고, 제비가 아무리 아름답게 춤을 춘다 한들 찬바람이 불면 남쪽으로 날아가야 하는 법이다.

마음속에 사랑이 있는 사람은 인생이 얼마나 아름다운지, 얼마나 행복한 것인지 느낄 수 있다. 그리고 사랑의 빛이 마음을 비출 때 우리는 비로소 가장 완벽한 자신과 만나게 된다.

모든 사람이 완벽한 자신을 꿈꾸며 완벽을 향해 달려간다. 진짜로 완벽한 사람이 됐다고 치자. 완벽해진 후에도 과연 세상이 원래 그랬던 것처럼 아름답게 느껴질까? 자신의 불완전함을 담담히 직시하고, 자신을 있는 그대로 받아들이며, 자기 자신과 조화롭게 지내는 법을 배워야 한다. 그래야 진정한 내면의 평화를 얻을 수 있고, 자신의 부족함으로 말미암아 이 세상이 얼마나 아름다운지를 깨달을 수 있다.

이것이 바로 행복의 시작점이다.

망설이지 않는 것이야말로 청춘이고, 설명하지 않는 것이야말로 여유이다. 쉽게 손을 놓지 않는 것이야말로 진정한 사랑이고, 완벽하지 않은 것이야말로 인생이다.

인생은 짧다. 그러니 나중에 행복해지기를 기다리지 말고 바로 지금 행복할 수 있는 길을 찾아라!

▼

Happiness Studies at Harvard

샤하르가 행복학 강의 중에 "나는 지난 30년 동안 전혀 행복하지 않았다"라고 웃으며 말했을 때, 청중은 그에게 무한한 애정을 느꼈다. 완벽하다고 여겼던 사람의 어딘가 부족한 모습만큼 사랑스러운 것도 없기 때문이다. 불완전함이야말로 우리를 가장 완벽한 존재로 만들어준다는 사실을 잊지 말자.

자기 실수에 관대하라

로맨틱 코미디 영화 〈쉬즈 더 원(If You Are The One)〉에는 남주인공이 고해성사를 하는 장면이 나온다. 그는 살면서 저지른 사소한 잘못과 실수를 일일이 고백한다. 유치원 시절부터 시작된 그의 고해성사는 몇 시간 동안이나 계속되더니, 결국 고해성사를 듣던 신부가 기절하고 나서야 끝난다.

물론 이는 관객의 웃음을 유도하기 위한 과장된 장면이다. 하지만 한번 생각해보자. 살면서 단 한 번도 잘못이나 실수를 저질러본 적 없는 사람이 어디 있겠는가? 사람은 누구나 실수를 한다. 그런데 자기 자신에게 늘 가혹한 잣대를 들이대며 사소한 실수 하나도 용납하지 않는다면 어떻겠는가? 자신을 끊임없이 책망하며 스스로 고통 속으로 들어간다면? 아마 멀쩡한 정신 상태를 유지하기란 어려울 것이다.

많은 사람이 신에게 자신의 잘못을 고한다. 그러나 정작 자신이 스스로를 용서하지 못하는 상황에 직면한다. 작은 잘못이나 실수 때문에 스스로를 괴롭히지 말고 자신에게 좀 더 아량을 베풀자. 잘못 자체는 문제가 아니다. 스스로를 용서하지 않거나 잘못을 고치지 못하는 것이야말로 정말 큰 문제다.

옛날, 어느 작은 마을의 촌장이 있었다. 그는 기본적으로 착한 사람이었지만 성정이 불같아서 사람들에게 자주 화를 냈다. 이 점이 못마땅했던 마을 사람들은 툭하면 그의 흉을 봤다.

어느 날, 마을 사람들이 자신을 욕한다는 사실을 알게 된 촌장은 또 그 때문에 화가 치밀었다. 한참을 씩씩거리던 그는 결국 부처에게 달려가 호소했다.

"여태껏 저는 마을을 위해 누구보다도 열심히 일했습니다. 그런데 왜 그에 걸맞은 대우를 받지 못하는 걸까요?"

그러자 부처가 자애로운 미소를 지으며 말했다.

"먼저 한 가지 묻겠다. 어떤 사람이 자네가 시킨 일을 꾸물대며 제대로 하지 않는다면 기분이 어떻겠는가?"

"당연히 화가 나죠! 일을 하려면 꾸물대선 안되죠!"

부처가 다시 물었다.

"그럼 반대로 너무 열심히 일한 나머지 자네보다 더 앞서 나간다면 어떻겠는가?"

"그것도 그다지 기쁘지는 않습니다. 지도자는 나인데 나보다 앞서 나가다니."

"그것 보게. 느려도, 빨라도 마음에 안 들기는 마찬가지 아닌가. 평소 자네의 모습을 생각해보게. 사람들에게 어떻게 행동하고 어떻게 말했는지 말일세."

촌장은 냉정하게 자신의 모습을 뒤돌아보았다. 그리고 마침내 잘못을 깨닫고 부끄러워하며 말했다.

"제 속이 너무 좁았습니다. 그래서 항상 화를 내고 말도 거칠게 했습니다."

부처가 고개를 끄덕이며 미소 지었다.

"맞네. 하지만 자책할 필요 없다네. 잘못은 깨닫고 고치면 되는 걸세. 이제부터 사람을 대할 때 항상 이해와 관용의 마음을 갖도록 하게. 그러면 마을 사람들이 자네를 '잘못을 고칠 줄 알고 성품이 온화한 사람'이라고 칭찬하게 될 걸세."

촌장은 이후 부처의 가르침대로 살기 시작했다. 그 결과 모두에게 칭찬받는 훌륭한 지도자가 되었을 뿐만 아니라 그 자신도 진정한 행복을 찾았다.

정신없이 바쁘게 살다 보면 의도치 않게 실수하거나 잘못을 저지르기도 한다. 일단 잘못했다면 어느 정도는 자책도 하고 반성도 해야 한다. 하지만 모든 일에 완벽해야 한다는 기준을 들이대는 것은 스스로에게 가혹한 일이다. '한 번 실수는 병가지상사'라는 말도 있지 않은가! 어차피 돌이킬 수도, 바꿀 수도 없다면 지난 일에 대한 후회로 자신을 괴롭힐 필요가 없다. 스스로를 용서하고 마음의 무거운 짐을 내려놓는 법을 배워라. 자기 자신에게서 행복의 가능성을 빼앗지 말라.

투자의 신 워런 버핏이 회장직을 맡고 있는 버크셔 헤서웨이 지주 회사가 연례 주주총회를 열었을 때, 워런 버핏은 주주들과 장장 여섯 시간에 걸쳐 질의응답 시간을 가졌다. 캘리포니아에서 소프트웨어 기업을 운영 중인 한 주주가 그에게 직설적으로 물었다.

"버핏 씨는 실수나 잘못을 저질렀을 때 어떠한 철학을 가지고 대처하십니까?"

워런 버핏은 망설임 없이 답했다.

"간단합니다. 저는 실수 자체에 대해서는 깊이 생각하지 않습니다. 그래 봤자 아무 도움도 되지 않기 때문이죠. 그 대신 실수에서 무엇을 배울 수 있을지를 생각합니다. 실제로 이를 통해 더 많은 투자철학을 얻었습니다. 그중에서도 가장 큰 수확은 인간에 대해 더 깊이 이해하게 됐다는 점입니다. 그 덕분에 지금은 우수한 인재를 단번에 알아보는 안목을 갖추었다고 자신합니다."

고대 로마의 위대한 철학가 키케로는 말했다.

"사람은 누구나 잘못을 한다. 다만, 어리석은 자만이 잘못을 고치지 않고 고집한다."

진화론의 창시자 찰스 다윈도 비슷한 말을 남겼다.

"잘못을 고치는 것은 그 자체로 위대한 진화다."

이런 의미에서 보면 워런 버핏은 매우 현명한 사람이다. 실수나 잘못에 연연하지 않고 그 속에서 교훈을 얻었기 때문이다.

어린 시절 옆집의 화분을 실수로 깨뜨리고 몰래 숨겼던 일을 아직 마음에 담아두고 있는가? 혹은 좋은 인연이나 기회를 한순간의 실수로 놓쳐버린 일을 여전히 아까워하고 있는가? 이제 그만 자신을 용서하라. 완벽한 인생이란 없는 법! 오히려 실수나 잘못이 우리의 삶을 더욱 인간적으로 만들어준다는 사실을 기억하자.

'과거의 날들은 가벼운 연기처럼 미풍에 날려 흩어지고, 옅은 안개처럼 아침 첫 햇살에 사라져버린다.'

중국 현대문학 작가 주쯔칭(朱自清)의 표현대로 과거 일은 연기나 안개처럼 이미 사라지고 없다. 자기 자신을 용서하는 법을 배워라. 과거의 사소한 잘못이나 실수는 잊어버려라. 스스로를 자책의 감옥에 가두고 사지로 몰 필요는 없다. 생각을 조금만 바꾸면 지금까지와는 전혀 다른 인생이 펼쳐질 것이다.

▼

Happiness Studies at Harvard

중국 도서 《행복으로 향하는 문(歡愉的法門)》에는 이런 구절이 있다.
'사람은 누구나 잘못을 한다. 잘못을 하고도 후회할 줄 모르는 사람은 악인이고, 후회할 줄 아는 사람은 선인이다. 칼을 내려놓으면 그 즉시 성불할 수 있다는 말도 있듯이 과거의 잘못은 돌이킬 수 없지만 잘못을 고치려고 끊임없이 노력하는 것만으로도 충분히 속죄가 된다.'
본의 아니게 잘못을 했더라도 지나치게 자책하지 말라. 먼저 자책감에서 벗어나야 잘못을 고칠 수 있고, 좀 더 긍정적인 마음으로 미래를 맞이할 수 있다.

모든 이가 좋아하는 사람이란 없다

사람은 누구나 자신만의 감정과 생각으로 세상을 본다. 1,000명의 독자는 1,000명의 햄릿을 만들어낸다고 하지 않던가. 사람은 저마다 기준이 다르기 때문에 모든 이를 만족시키기란 사실상 불가능하다. 게다가 모두를 만족시키려고 애쓰다 보면 정작 자신은 행복을 놓치게 된다. 그러니 기억하라. 당신이 고액권 지폐가 아닌 이상, 모든 사람이 당신을 좋아할 수는 없다!

모든 사람을 만족시키고 싶다는 욕심은 그 자체로 재앙이다. 그런 욕심에 사로잡히는 순간, 자신만의 개성과 특색을 잃고 다른 사람의 시선에 갇혀 허우적거릴 수밖에 없기 때문이다. 게다가 이런 경우는 대개 결과도 좋지 않다.

어느 화가가 모든 사람이 좋아하는 그림을 그리기로 마음먹었다.

몇 달 동안 두문불출하고 그림만 그린 그는 마침내 일생일대의 최고 역작을 완성했다. 그는 이 그림이 자신뿐만 아니라 모든 사람을 만족시킬 것이라고 자신했다.

그는 광장 한복판에 작품을 전시한 뒤 안내문을 걸었다.

'이 작품에서 마음에 들지 않는 부분이 있다면 옆에 있는 펜으로 그림에 직접 표시해주십시오!'

그날 저녁, 기대에 부풀어 작품을 회수하러 간 그는 그만 아연실색하고 말았다. 그림에 온통 빼곡하게 표시가 되어 있었던 것이다! 그는 크게 상심했다.

그러나 그는 포기하지 않고 똑같은 그림을 그려서 다시 광장 한복판에 전시하고 안내문을 내걸었다. 단, 이번에는 마음에 드는 부분에 표시를 해달라고 썼다.

어느 정도 시간이 흐른 후 작품을 보러 간 그는 또다시 크게 놀랐다. 이번에도 그림 한가득 표시가 되어 있었기 때문이다. 물론 종전과는 달리 전부 그림에 대해 칭찬하는 말들뿐이었다.

그는 깊은 생각에 빠져 중얼거렸다.

"세상 사람을 전부 만족시키는 것은 불가능한 일이구나. 누군가의 눈에는 쓰레기인 것이 누군가에게는 보물로 보일 수도 있다니!"

무슨 일을 하든 모든 사람을 만족시킬 수는 없다. 사람마다 기준과 관점이 다르기 때문이다. 물론 다른 사람의 지지를 얻기 위해 최대한 그들의 요구에 맞추려 노력할 수는 있다. 그러나 그럴 때조차 모두가 자신에게 만족하기를 기대하면 안 된다. 다시 말해 무슨 일을 하든, 또 어떻게 하든 반드시 누군가는 당신에게 실망할 수도 있다는 것이다. 게다가 다른 사람의 생각이나 의견을 지나치게 신경 쓰다 보면 오히려 일을 그르칠 가능성이 크다. 그러니 최소한 자신이 추구하는 목표와 일하는 방식만큼은 다른 사람의 관점을 고려하기 전에 먼저 자기 자신을 신뢰하는 법을 배워야 한다.

순수한 마음으로 최선을 다해 일한다고 해도 모든 사람을 만족시키기란 불가능하다. 당신이 좋은 일을 해서 여러 사람의 주목을 끌었다고 가정하자. 똑같은 일에 대해서도 사람들의 반응은 천차만별일 수 있다. 누군가는 당신이 매우 공정하게 일을 잘 처리했다고 칭찬할 것이고, 누군가는 더 높은 자리로 가기 위해 미리 포석을 까는 것 아니냐고 비아냥댈 것이다. 그야말로 각양각색의 반응이 어떤 것은 부드러운 산들바람처럼, 어떤 것은 날카로운 화살처럼 당신을 향해 날아오게 된다.

그러니 다른 사람의 말 한마디에 사사건건 휘둘리지 말고, 자신만의 길을 가는 법을 배워라. 남이 자신을 어떻게 볼지를 고민하며 전전긍긍하는 것만큼 어리석고 무의미한 일도 없다!

옛날에 두 형제가 나귀 한 마리를 샀다. 집으로 돌아오는 길, 어린 동생이 힘들게 걷는 것이 안쓰러웠던 형은 동생을 나귀에 태웠다. 그런데 지나가던 사람이 그 모습을 보고 혀를 차더니 혼자서 나귀를 타느냐며 동생을 나무랐다. 부끄러워진 동생은 나귀를 형에게 양보하고 자신이 걸어가기 시작했다. 얼마쯤 갔을까? 한 사람이 이번에는 형에게 손가락질을 했다. 형이 돼서 동생을 돌볼 줄 모르고 고생시킨다는 것이었다. 결국 형도 나귀에서 내렸다. 형제가 나귀를 끌고 터덜터덜 걸어가는데, 사람들이 웃으면서 "나귀가 있는데도 타지 않다니, 정말 바보 같다"고 그들을 놀렸다. 이러지도 저러지도 못하게 된 형제는 그만 울상이 되고 말았다.

'우리가 모든 사람을 만족시킬 수 없는 까닭은 우리가 모든 사람은 아니기 때문이다.'

단테 《신곡》의 이 구절은 인용구로 널리 사용되고 있다. 그런데 이 구절을 즐겨 인용하는 사람 중에 그 의미를 실제적으로 이해하고 생활 속에 적용한 이는 과연 얼마나 될까?

'모든 사람을 만족시킬 필요는 없다.'

우리는 수많은 사람과 더불어 살아가며 사회를 구성한다. 그런데 사회 구성원들은 저마다 다른 각도로 문제를 보고 해석한다. 당연히 만족하는 부분과 그렇지 않은 부분이 제각각 다를 수밖에 없다. 게다가 똑같은 사람이라도 이후에 어떤 일을 경험하느냐, 혹은 어떤 상황에 처하느냐에 따라 관점이 달라질 수 있다. 따라서 자신의 일을 결정할 때는 원칙에 위배되지만 않는다면 타인의 생각을 지나치게 신경 쓸 필요가 없다.

한 가지 현상을 대할 때 어떤 기준과 각도에서 보느냐에 따라 다양한 의견과 평가가 나올 수 있다. '사공이 많으면 배가 산으로 간다' 는 속담도 이런 이치에서 비롯된 것이다. 특히 예술 창작의 경우는 대중의 관점보다 개인의 주관이 훨씬 더 중요하다. 자신의 주관이 아닌 대중의 입맛에 맞춰 창작한다면 그 결과물은 삼류 수준에 머물 공산이 크다.

실제로 동서고금의 역사를 되짚어보면 시대를 초월하는 가치를 지닌 작품이 정작 그 시대에는 인정받지 못한 경우가 허다하다. 대표적인 예가 바로 반 고흐다. 지금은 위대한 화가로 추앙받는 그이지만, 그의 생전에 팔린 그림은 단 한 점뿐이었다. 그는 평생 가난과 정신병에 시달리다가 권총으로 자살하고 말았다. 하지만 수많은 세월이 흐른 지금, 고흐와 동시대를 살면서 내로라했던 화가들 대부분은 잊혔지만 고흐의 작품은 여전히 대중에게 사랑받고 있다.

완벽해지기를 포기하는 순간, 남에게 완벽하기를 강요하거나 자기 자신이 완벽해지려 애쓸 필요가 없어진다. 우리는 모두 자신만의 독특함을 가지고 있으며 다른 누구도 대신할 수 없는 가치를 지녔다. 이제부터 자신의 인생을 오롯이 누리는 법을 배워보자.

▼

괴테는 말했다.

"사람은 누구나 자신을 위해 스스로 개척한 길을 가야 한다. 그러니 헛된 소리에 현혹되거나 타인의 생각에 지배받지 말라."

사람은 모두가 유일무이한 존재다. 기뻐하기 위해, 행복하기 위해 다른 사람의 허락을 받아야 하는 사람은 없다. 자기 자신으로 살아내는 것이야말로 행복하고 성공적인 인생을 이룩하는 길이다.

열정으로 행복을 붙잡아라

샤하르의 행복학 강의 중에 이런 내용이 있다.

'내면의 열정을 따르라.'

이는 자신에게 의미가 있고, 또 즐거울 수 있는 일을 선택하라는 뜻이다. 다시 말해 쉽게 A학점을 받을 수 있을 것 같다는 이유로 좋아하지도, 심지어 흥미도 없는 강의를 고르지는 말라는 것이다.

스티브 잡스는 말했다.

"당신에게 주어진 시간은 유한하다. 그러니 남의 인생을 사느라 그 시간을 낭비하지 말라. 도그마(독단적인 신념이나 학설)의 덫에 빠지지 말라. 그것은 다른 사람이 내린 결론에 맞추어 사는 것을 말한다. 타인의 의견이 만들어내는 잡음에 당신 내면의 목소리가 묻히도록 두지 말라. 무엇보다 중요한 것은 당신의 가슴과 직관을 따르는 용기를 갖는 것이다. 당신은 이미 자신이 무엇이 되고 싶어 하는지 분명히 알고 있다. 그 밖의 모든 것은 부차적이다."

참된 성공을 거두는 유일한 길은 바로 자신의 일을 진심으로 사랑하고 열정을 갖는 것이다. 내면의 목소리를 따라 자신이 사랑하고 열정을 바칠 만한 일을 할 때, 비로소 온갖 역경과 어려움을 이길 힘과 진정한 행복을 얻을 수 있다.

경영 이념의 차이 때문에 이사회와 마찰을 빚었던 잡스는 결국 애플에서 축출당하고 만다. 자신이 직접 세우고 피땀 흘려 일군 회사에서 그야말로 맨몸으로 쫓겨난 것이다.

그러나 이러한 시련도 일에 대한 잡스의 열정을 꺾지 못했다. 그는 끊임없는 노력과 도전을 통해 고난을 극복했고, 마침내 애플 CEO로 복귀했다. 과거보다 더욱 영민하고 혁신적인 모습으로 돌아온 잡스의 지휘 아래 애플은 수많은 기적을 일궈냈다.

잡스는 자신이 비범한 업적을 이뤄낼 수 있었던 이유는 다행히도 열렬히 사랑할 수 있는 일을 찾았기 때문이라고 말했다. 실제로 잡스는 자신의 일을 그 어느 것보다도 사랑했다. 심지어 췌장암 수술을 한 후에도 곧장 일터로 복귀할 정도였다. 그러한 사랑과 열정이 오늘날의 애플을 만들어낸 것이다.

"인생이 당신의 뒤통수를 친다고 해도 자신감을 잃지 말라. 일에 대한 사랑은 내가 최근 몇 년 동안 겪었던 수많은 어려움을 극복하고 버틸 수 있었던 유일한 이유다."

잡스의 열정은 내면에서 우러난 것이었다. 진심이었기에 아무리 어렵고 힘든 문제가 와도 얼마든지 극복하고 행복을 찾을 수 있었다. 그래서 내면의 열정을 따라 진실한 자신으로 사는 것만큼 인생의 큰 지혜도 없다.

교향곡 〈운명〉, 〈영웅〉, 〈열정〉 등을 작곡한 위대한 음악가 베토벤은 인구가 채 3만 명도 되지 않는 작은 도시 본에서 태어났다. 베토벤은 훌륭한 작곡가였지만 치명적인 장애가 있었다. 귀가 잘 들리지 않았던 것이다. 스물여섯 살 때부터 나빠지기 시작한 청력은 마흔다섯 살 때 완전히 사라졌다. 음악가에게 귀가 들리지 않는다는 것은 그 자체로 사형선고나 다름없었다.

그러나 강인하고 고집스러운 베토벤은 가혹한 운명에 굴하지 않았다. 오히려 '언젠가 운명의 목을 조르고야 말겠다!'며 의지를 불태웠다. 그는 피아노의 소리를 듣기 위해 나무 막대기를 입에 물고 막대기의 다른 쪽 끝을 피아노 뚜껑 아래 댔다. 피아노의 진동을 이로 느끼려 한 것이다. 그는 이 방법을 이용해 수많은 곡을 작곡했다.

1824년 5월 7일, 베토벤은 제9번 교향곡 〈합창〉의 초연을 성공적으로 지휘해냈다. 청력을 완전히 잃은 상태에서 불세출의 명곡을 작곡하고 또 지휘한 것이다. 연주가 끝난 후 장내는 온통 우레와 같은 박수 소리에 휩싸였으나 정작 이 위대한 작곡가는 그 사실을 전혀 알지 못했다. 그러다 같이 공연한 여가수가 그의 손을 잡고 관중 쪽으로 몸을 돌려줬을 때에야 비로소 모든 이가 기립하여 박수를 치고 있는 광경을 보았다. 그는 강인한 의지와 믿음으로 운명을 이기고 마침내 위대한 업적을 이뤄낸 것이다.

엥겔스는 베토벤의 교향곡에 대해 이렇게 말했다.

"만약 이 웅장한 작품을 아직도 들어보지 않았다면 당신은 지금까지 단 한 번도 좋은 음악을 듣지 못한 것이다."

누구나 마음속에 사랑하는 일, 꿈꾸는 일이 있지만 현실에 가로막혀 그것을 실현하지 못하는 경우가 많다. 그러나 알고 보면 현실도 사람이 만든 것이기에 몇 갑절의 노력을 쏟을 의지만 있다면 극복하지 못할 것도 없다.

내면의 열정을 따르라! 인생은 작은 불꽃만 있어도 얼마든지 환하고 생기 있게 빛날 수 있다. 열정을 따라간 그곳에서 당신은 진정한 행복을 찾게 될 것이다.

Happiness Studies at Harvard

"우리는 로봇이 아니기에 감정적인 기복이 생기는 것이 당연하다. 자기 자신에게 실망과 스트레스를 극복할 더 좋은 기회를 주어라. 이것이 바로 긍정심리학이다."
행복한 인생은 온전히 자신의 선택에 달렸다. 행복하기로 결심하는 순간, 행복이 찾아온다. 희망을 갖기로 결심하는 순간, 절망은 저 멀리 사라진다. 내면의 열정을 따르면서 끊임없이 노력할 때 우리는 비로소 더 많은 행복을 찾을 수 있다.

---- ★ ----

나를 행복하게 하는 것들

---- ★ ----

어떤 사람이 행복을 어떻게 정의하는지 알려면 그가 추구하는 바를 보면 된다. 예를 들어 재물을 좇는 사람은 주머니에 현금이 가득하고 돈을 물 쓰듯 펑펑 쓸 수 있어야 행복하다. 고귀한 명예나 청빈낙도의 삶을 추구하는 사람은 자기 집 정원 등나무 의자에 앉아 따뜻한 차 한 잔을 마시며 하늘에 떠가는 구름을 감상하는 것을 행복이라고 믿는다.

당신에게 참된 행복을 느끼게 하는 것은 과연 무엇인가? 화려한 도시의 삶인가? 높은 연봉인가? 혹시 현재의 상황에 만족하며 하루하루 충실하게 살아가는 것인가?

미국의 작은 마을, 길거리에서 노래를 부르며 근근이 먹고사는 젊은이가 있었다. 어느 날 평소 그를 가엾게 생각했던 한 중국인 부자가 친절하게 말을 걸었다.

"이보게 젊은이, 길거리에서 노래 부르는 것은 그만두고 제대로 된 일을 하게. 내가 중국에서 교사를 할 수 있도록 도와주겠네. 그곳에 가면 지금 버는 돈의 몇 배를 벌 수 있을 거야."

젊은이는 깜짝 놀란 듯 부자를 바라보다가 반문했다.

"제가 지금 하는 일은 제대로 된 일이 아닙니까? 나는 이 일을 좋아합니다. 나 자신뿐만 아니라 다른 사람에게도 즐거움을 주기 때문이지요. 내가 좋아하지도 않는 일을 하기 위해 가족과 친구, 고향을 떠나 태평양 건너 낯선 나라까지 갈 이유가 있을까요?"

누군가는 대도시에 살면서 많은 돈을 버는 것 자체를 대단히 기뻐하고 자랑스러워할 수도 있다. 그렇다면 비록 그 도시에 마음을 붙일 곳이 없다고 해도 그는 진심으로 만족하고 행복해할 것이다. 하지만 다른 누군가는 단순히 돈 몇 푼 더 벌자고 가족과 고향을 떠나는 것은 말도 안 된다고 생각할 수 있다. 그에게는 가족과 화목하고 평화롭게 사는 것이 최고의 행복이기 때문이다.

샤하르는 말했다.

"마음이 다른 곳에 가 있는 성직자보다는 일에서 진정한 의미와 행복을 찾고 바른 동기를 가진 사업가가 훨씬 더 경건하고 성스럽다."

돈이 많든 적든, 돈을 어떻게 보든 간에 그것을 위해 노력하는 과정에서 진실한 기쁨과 만족을 얻고 있다면 당신은 이미 행복한 사람이다. 단, 돈과 행복의 우선순위가 바뀌지 않도록 늘 주의해야 한다. 행복하기 위해 돈이 필요한 것은 사실이지만, 지나치게 돈을 좇다 보면 어느 순간 오히려 행복을 놓치기 때문이다.

1980년대 홍콩에서 활동하던 유명 영화감독 위지롄(餘積廉)은 한때 영화제작사를 운영하는 등 홍콩 영화계에 굉장한 영향력을 미쳤다. 1998년, 위지롄은 영화계에서 돌연 모습을 감춘 후 놀랍게도 충칭(重慶) 북부의 어느 외진 마을로 건너가 그곳에 정착했다. 현재 그는 홍콩에서의 화려한 생활을 뒤로한 채 이곳에서 국숫집을 하며 은거의 삶을 즐기고 있다. 이미 환갑을 넘긴 나이지만 여전히 매일 깨끗한 셔츠에 넥타이를 매고 직접 손님을 맞는다. 그는 지금이 자신의 인생에서 가장 행복한 때라고 자신 있게 말한다.

"평범한 것이야말로 최고의 행복이지요. 저는 지금의 삶이 좋습니다. 연예계는 너무 복잡하고 피곤해요."

오로지 성공을 향해 질주했던 나날, 마침내 성공한 뒤 느낀 공허함, 깨달음과 심사숙고의 과정을 거쳐 선택한 은거의 삶에서 그는 비로소 진짜 행복이 무엇인지 알게 되었다고 한다.

"나의 인생은 결국 자연으로 회귀하는 여정이었습니다. 지금 돌아보면 한 편의 영화 같기도 합니다. 처음에 아무것도 아니었을 때는 어떻게든 두각을 드러내고자 하는 마음뿐이었지요. 그러다 마침내 성공한 뒤, 그제야 행복은 내가 처음 발을 내디뎠던 바로 그 자리에 있었다는 사실을 깨달았습니다. 남들은 홍콩이 천국이라고 하지만 나에게는 몸과 마음을 닦을 수 있는 이곳이 바로 천국입니다. 비록 물질적 조건은 부족하지만 사랑이 있고 커피가 있는데 무엇을 더 바라겠습니까? 이곳 사람들의 순박함은 약삭빠르고 이해 타산적이었던 나의 모습까지 깨끗하게 정화해줍니다. 여기서 산과 물, 이웃과 마을에 둘러싸여 사는 동안 무엇이 진정한 삶인지 깨달았을 뿐만 아니라 더 많은 영감을 얻었습니다. 다시 태어난 기분입니다."

마지막으로 위지렌은 몇 해 전부터 준비해온 시나리오가 있다고 슬쩍 귀띔했다. 그는 앞으로 제작할 영화는 예전처럼 돈을 벌기 위해서가 아니라 오직 이 마을을 사랑하는 마음으로 찍을 것이라며 밝게 웃었다.

별장에 살며 스포츠카를 모는 것도 행복이고 나물 반찬에 쌀밥을 먹는 것도 행복이다. 행복은 분명 돈과 연관이 있지만 돈을 초월한 것이기도 하다. 인생의 궁극적인 목적을 잊지 않고 가족과 친구를 소중히 하며 더 높은 수준의 자아실현을 추구한다면 돈을 버는 과정에서도 행복을 놓치지 않을 수 있다.

스코틀랜드의 저명한 신학자 윌리엄 바클레이(William Barclay)는 저서 《데일리 셀레브레이션(Daily Celebration)》에 이렇게 썼다.

'행복한 삶에 없어서는 안 될 요건 세 가지가 있다. 첫째는 희망을 갖는 것, 둘째는 할 일이 있는 것, 셋째는 사람을 사랑하는 것이다.'

행복은 완전히 개인적이고 주관적인 것이다. 그래서 누군가는 물질이 부족해도 늘 행복하고 누군가는 돈이 넘쳐나도 불행하다. 지금, 자신의 행복관을 점검해보자.

샤하르는 말했다.

"나는 행복이야말로 최고의 재산이라고 생각한다. 돈이나 위치는 인생의 가치를 가늠하는 기준이 될 수 없다. 행복을 연구하기 시작한 후로 내 인생 역시 완전히 변했다. 행복은 마음의 긍정적인 힘을 기르는 데 있다는 사실을 발견했기 때문이다."

행복은 일종의 마음가짐이다

한동안 인터넷에 이런 글이 유행했다.

'성공이 꽃이라면 행복은 뿌리다.'

행복한 사람이 성공하면 그의 인생은 꽃처럼 활짝 피어나 주변에 향기를 흩뿌린다. 그러나 행복이라는 뿌리가 없는 성공은 아무리 대단해도 허무함과 외로움에서 자유로울 수 없다. 일적으로는 성공했어도 인생에서는 실패한 사람이 되는 셈이다.

성공은 윤택한 삶을 보장하며 수많은 꿈을 이룰 경제적 보상을 가져다준다. 성공하면 멋진 집, 좋은 차, 화려한 명품을 손에 넣을 수 있고 남들이 부러워하는 멋진 삶을 살 수도 있다. 하지만 이 모든 것이 진정으로 의미를 가지려면 반드시 행복이 뿌리가 되어야 한다.

이스라엘에서 나고 자란 샤하르는 열여섯 살 되던 해에 전국 스쿼시 대회에서 우승을 차지했다. 이 '성공'의 경험은 그전까지 그가 가지고 있던 행복에 대한 생각을 근본적으로 바꿔놓았다.

대회에서 우승하기까지 그는 무려 5년 동안 고된 훈련을 견뎌냈다. 훈련하는 동안 그는 알 수 없는 외로움과 공허함에 시달렸지만 별다른 퇴로가 없었기에 자신을 다독였다.

'끝까지 견뎌보자. 지금은 힘들지만 우승만 한다면 행복해질 거야.'

소원대로 우승을 거머쥔 그날, 그는 가족 및 친구 들과 함께 성대한 축하 파티를 열었다.

"축하 파티가 끝나고 잠자리에 누웠을 때, 나는 어렵게 얻은 이 행복을 음미해보려고 애썼다. 하지만 마침내 꿈을 이뤘다는 기쁨이나 승리의 감격은 이미 사라지고 없었다. 대신 그 자리에는 혼란과 공포만이 가득했다. 마음이 공허해졌다. 나는 괴로워서 울기 시작했다. 바라던 대로 성공했지만 조금도 행복하지 않았다. '성공에 행복이 없다면 대체 어디에서 행복을 찾아야 하는가?'라는 생각이 나를 괴롭혔다."

시간이 갈수록 마음속 공허감은 사라지기는커녕 점점 더 커져갔다. 그제야 그는, 이런 성공은 자신을 행복하게 하지 못한다는 사실을 깨달았다.

모타운 레코드 설립자이자 운영자인 베리 고디(Berry Gordy)는 말했다.

"성공보다 행복을 우선순위에 두어야 한다. 그렇지 않으면 성공이 오히려 행복을 파괴할 수 있다. 나폴레옹은 그 어떤 통치자보다도 훌륭한 업적을 세웠으며 영예, 권력, 재물 등 보통 사람이 추구하는 모든 것을 손에 넣었다. 그러나 정작 그 자신은 '평생 행복했던 시간을 합치면 불과 한 시간 정도'라고 하지 않았던가!"

실제로 우리가 아는 '성공한 사람' 중 대다수가 대단해 보이는 겉모습과 달리 내면적으로 굉장한 결핍감을 안고 살아간다. 가족과 관계가 소원하거나 배우자와 갈등을 겪거나 말 못할 중병을 앓고 있어서 당장 내일 아침 눈 뜨는 일이 걱정인 사람도 있다. 또 어떤 이는 방탕한 생활에 젖어 사느라 자기도 모르는 사이에 몸과 마음을 망치기도 한다. 남들보다 훨씬 나은 경제적 여건을 갖추었지만 한편으로는 내면의 공허함 역시 훨씬 심각하고 깊은 것이다.

베이징사범대의 위단(於丹) 교수는 중국 CCTV의 교양 강좌 프로그램 〈백가강단(百家講壇)〉에서 진행한 '논어에서 배우다(論語心得)'라는 강의로, 학계의 인정과 대중의 사랑을 동시에 얻었다.

위단은 한 인터뷰에서 가정과 사업, 행복과 성공의 관계를 어떻게 생각하느냐는 질문을 받았을 때, 즉답하는 대신 성공한 여성의 네 가지 역할에 대해 이야기했다. 직업적 역할, 가정적 역할, 사회적 역할 및 셀프 포지셔닝(Self-positioning)이 바로 그것이다.

"저는 일뿐만 아니라 저의 가정, 인간관계, 그리고 저 자신에 대해 관심을 갖고 끊임없이 자문합니다. 요즘 가족과 함께하는 시간이 줄지는 않았는지, 친구들과 소원해지지는 않았는지, 운동량이 부족하지는 않은지……. 만약 문제가 발견되면 하루 정도는 일을 모두 내려 놓고 가족과 시간을 보내거나 친구를 만나거나 요가를 합니다. 얼핏 보면 본업에 충실하지 않은 것처럼 보이지만, 사실은 이렇게 함으로써 인생의 균형을 맞출 수 있습니다."

성공적이고 행복한 삶을 영위하는 비밀이 바로 이 대답 안에 담겨 있다. 그녀의 성공은 균형 잡힌 삶에서 비롯된 행복이 있었기에 가능한 것이었다.

행복은 일종의 마음가짐이다. 한 치 앞도 알 수 없는 인생길을 걸으며 마음을 단련해가다 보면 행복을 추구하는 것 자체가 행복임을 깨닫게 된다. 성공은 삶의 경유지일 뿐, 행복이야말로 진정한 목적지다.

중국 연예계의 재원으로 불리는 쉬징레이(徐靜蕾)는 성공과 행복에 대한 자신의 생각을 이렇게 밝혔다.

"가장 큰 성공은 자신이 원하는 방식대로 사는 것이죠. 하지만 사람마다 성공에 대한 정의가 다르니까 여기에는 차라리 '행복'이라는 단어를 쓰는 게 훨씬 좋을 듯해요. 제가 생각하는 인생의 가장 큰 행복은 편안한 마음으로 자신이 원하는 인생을 사는 것입니다. 여기에 사랑이 더해진다면 금상첨화겠지요."

샤하르는 말했다.

"행복은 인생의 가치를 가늠하는 유일한 잣대다."

진정한 행복을 누리는 사람은 남에게 자신의 성공을 자랑하거나 그것을 무기 삼아 휘두르지 않는다. 행복하다는 것 자체가 비할 데 없이 소중한 재산임을 잘 알고 있기 때문이다.

행복한 사람은 명예와 부에 목매지 않는다

요즘처럼 물질이 우상이 된 시대, 물욕이 당연시되는 사회에서는 깨끗하고 고고한 마음을 지키기가 거의 불가능하다. 그래서 처음에 순수했던 사람도 결국에는 탐심과 허영심에 물들어버린다. 이런 세계에서는 그 누구도 진정한 만족과 기쁨을 얻지 못한다. 있는 것보다 없는 것, 넘치는 것보다 부족한 것에 초점이 맞춰질 수밖에 없기 때문이다.

그래서 우리는 늘 괴로워하며 고민한다. 왜 나는 저 사람만큼 높은 지위와 풍족한 경제력을 갖지 못했는가? 왜 나는 행복하지 않은가? 하지만 아무리 고민한들 고통은 조금도 덜어지지 않는다.

사실, 해답은 그리 먼 곳에 있지 않다. 정신없이 돌아가는 생각을 멈추고 잠시 다른 각도에서 바라보기만 해도 금세 깨달을 수 있다. 진심으로 행복한 사람은 명예나 이익, 물질에 절대 목숨 걸지 않는다는 사실을 말이다.

　오바마가 미국의 새 대통령으로 당선됐을 때, 그의 배다른 동생 마크 은데산조(Mark Obama Ndesandjo)는 중국 선전(深圳)에 있는 자신의 양꼬치 가게에서 열심히 고기를 굽고 있었다. 그의 형이 미국 대통령이라는 사실이 알려지자 모두가 그를 부러워했다. 조만간 가게를 접고 미국으로 넘어가 한자리 거머쥐지 않겠느냐는 추측도 분분했다. 그러나 은데산조는 놀라울 만큼 아무런 반응도 보이지 않았다. 그저 하던 일을 계속하며 사람들에게 말했다.

　"형이 대통령인 것이 나와 무슨 상관입니까? 내 일은 양꼬치를 굽는 것입니다. 나는 손님을 위해 양꼬치를 구울 때 가장 행복하고 즐겁습니다. 만약 나중에 형이 중국을 방문해서 이 작은 가게에 와준다면 기꺼이 양꼬치를 구워 대접할 것입니다. 아마 꽤 낭만적이고 재밌는 장면이 연출되겠지요!"

　진심으로 행복한 사람은 설령 가난해도 자신의 삶에 감사할 줄 안다. 이들은 이미 감사함과 즐거움으로 가득한 인생을 살고 있기에 대통령 같은 최고 자리를 우러러보지 않는다. 또한 이미 삶을 충분히 누리고 있기에 돈으로 가득한 부자의 주머니를 부러워하지 않는다.

　1924년의 어느 더운 여름날, 영국 철학가 러셀(Bertrand Russell)은 중국 쓰촨성에 도착했다. 쓰촨성의 자랑인 아미산(峨眉山)을 구경하기로 한 그는 동행과 함께 각각 가마를 타고 산에 올랐다. 하지만 아름다운 산세를 감상하는 즐거움은 오래가지 못했다. 그는 자신이 탄 가마를 메고 땀을 뻘뻘 흘리며 가파른 산길을 걷는 가마꾼 두 명 때문에 마음이 불편했다.

'이 가마꾼들은 가마를 탄 내가 얼마나 미울까! 아마 자신의 처지를 비관하고 있을 게 틀림없어.'

산허리에 마련된 작은 전망대에 이르렀을 때 러셀은 가마꾼에게 잠시 쉬어가자고 말했다. 그리고 가마에서 내려 그들의 표정을 세심하게 관찰했다.

가마꾼들은 나란히 앉아 쉬면서 이야기를 나누었다. 러셀은 그들이 곧 뜨거운 날씨나 가마를 탄 사람, 혹은 고단한 자신의 운명을 원망할 것이라고 생각했다. 그러나 뜻밖에도 가마꾼들은 원망은커녕 낄낄거리며 앞다퉈 자기 고향에서 유행하는 농담을 늘어놓느라 정신이 없었다. 또 호기심 어린 눈빛으로 러셀에게 나라 밖 사정을 묻기도 했다. 대화를 나누는 동안, 웃음소리가 끊이지 않았다.

이후 러셀은 '중국인의 성격'이라는 글에서 이 에피소드를 언급했다. 그리고 이 일을 계기로 '자신의 기준으로 다른 사람의 행복을 판단하는 것은 매우 잘못'이라는 생각을 갖게 되었다고 고백했다.

화려한 왕궁에 사는 왕자가 길바닥에서 찬이슬을 맞는 거지보다 행복하다고 장담할 수는 없다. 재물을 쌓아놓고 사는 부자가 하루하루 소박하게 살아가는 보통 사람보다 반드시 더 행복한 것도 아니다.

존귀와 비천, 부유와 가난은 저울의 추일 뿐 행복을 가늠하는 저울 자체는 아니라는 사실을 기억하자.

스페인의 위대한 소설가이자 정치가인 이바녜스(Vicente Blasco Ibanez)는 말했다.
"나는 행복한 사람이 될 권리가 있다. 행복이 있는 곳이라면 어디든 찾아가리라."
사람들은 각자의 자리에서 저마다 무언가를 추구하며 살아간다. 반드시 부자가 되어야만, 혹은 대통령이 되어야만 행복한 것은 아니다. 자신에게 맞는 삶을 선택하고 자신이 원하는 대로 사는 것이야말로 진정한 행복이다.

나의 장점으로 행복을 경영하라

중국의 유명 드라마 〈맏이의 행복(老大的幸福)〉에서 남주인공은 말한다.

"자신의 단점과 남의 장점을 비교하면 어떻게 비교해도 위축될 수밖에 없어. 하지만 자신의 장점과 남의 단점을 비교한다면 비교할수록 오히려 더 행복해지지!"

고뇌, 불만, 원망, 다른 사람을 향한 질투와 부러움은 대부분 비교의식에서 비롯된다. 맹목적인 비교는 잘못된 관념과 욕심으로 우리의 눈을 가림으로써 진정한 행복을 발견하지 못하게 한다. 또한 자기 비하감을 부추겨서 우리의 삶을 원망과 노여움으로 가득 차게 만든다. 이런 상태에서 자기 자신의 장점을 발견하고 개발하기란 하늘의 별 따기다.

칭화대학교의 장샤오친(張小琴) 부교수는 중국 CCTV의 심리건강

관련 프로그램에서 임시 사회자를 맡은 후, 프로그램 출연자들이 얼마나 불행하게 살아가고 있는지를 보고 안타까워하며 이런 감상을 남겼다.

"사람은 일평생 명예와 이익을 좇다가도 마지막에는 결국 행복을 추구하게 된다."

먹고사는 걱정을 아예 하지 않고 살 수 있는 사람은 많지 않다. 어쩌면 당신도 물건 하나를 살 때마다 몇 번씩 고민하며, 매일 허리띠를 졸라매고 있는지 모른다. 하지만 그래도 괜찮다. 돈은 행복을 위한 필요조건일 뿐 충분조건이 아니기 때문이다. 진정한 행복을 바란다면 무엇보다도 자기 자신의 장점을 잘 알고 경영하는 법을 배워야 한다.

어느 대장장이가 죽으면서 두 아들에게 매우 질 좋은 철 한 덩이씩을 유산으로 남겼다. 체격이 우람하고 건장한 형은 아버지가 남긴 철로 보검을 만들어서 매일 검술 훈련을 했다. 형에 비해 상대적으로 작고 허약한 동생은 송곳이나 바늘 등을 만들어서 장사를 했다.

어느 날, 평소 동생의 소극적인 태도가 마음에 들지 않았던 형이 동생을 불러 말했다.

"나는 앞으로도 열심히 검술을 익혀 언젠가 반드시 높은 벼슬 자리에 오를 거다. 그런데 지금 네 모습을 봐라. 매일 송곳, 바늘 따위를 팔아서 겨우 입에 풀칠만 하고 있잖니? 이래서는 잘돼봤자 동네 장사꾼이 전부야!"

하지만 동생은 아무 대꾸도 없이 묵묵히 하던 일을 계속했다.

그로부터 얼마 뒤, 나라에 오랑캐가 쳐들어왔다. 형은 쾌재를 부르며 검을 들고 전쟁터로 뛰어들었다. 그는 보검을 휘두르며 그동안 갈고닦은 실력을 마음껏 발휘했고 수많은 전공을 세웠다. 전쟁이 끝난 후, 형은 그동안의 공을 인정받아 조정의 중책을 맡게 되었다. 평소 호언장담하던 대로 빛나는 명예는 물론 엄청난 재물까지 한꺼번에 얻은 것이다.

그 모습을 본 동생의 아내는 남편을 닦달하기 시작했다.

"형님을 좀 봐요! 당신도 애초에 보검을 만들었으면 우리가 지금처럼 고생하며 살지는 않았을 것 아녜요?"

그러나 동생은 고개를 가로저으며 말했다.

"나는 장사를 하는 것이 천성에 맞는다오. 자신에게 맞는 일을 하고 사는 게 좋지 않겠소, 부인?"

그렇게 몇 년이 흐른 후, 어느 날 형이 별안간 고향으로 돌아왔다. 간신배의 모략에 넘어간 황제가 그를 조정에서 쫓아낸 것이다. 날랜 검술도 고향에서는 쓸데없었고, 가산은 탕진한 지 이미 오래였다. 결국 형은 바늘 따위를 파는 동생에게 얹혀살게 되었다. 형은 자신의 처지를 한탄하며 말했다.

"한때 아무리 돈이 많았어도 다 무슨 소용인가? 지금은 아무것도 없지 않은가! 이제 보니 돈은 별로 없어도 자기 일을 하며 자유롭게 사는 동생이 나보다 훨씬 낫구나!"

러시아의 대문호 투르게네프(Ivan Sergeevich Turgenev)는 말했다.

"인생에서 가장 아름다운 순간은 천천히 산책을 즐기며 길가에 핀 꽃들을 어루만지는 때다."

더 멀리, 더 오래 걷고 싶다면 발에 맞는 편한 신발을 신어야 한다. 그런데 편한 신발이 꼭 가장 예쁜 신발은 아닐 수도 있다. 무조건 예쁘고 화려한 신발만 탐내고 고집한다면 결국 발을 상하게 만들 것이다. 다른 사람이 보는 것은 신발이지만 내가 느끼는 것은 발이다. 당연한 말이지만 신발보다는 발이 훨씬 더 중요하다. 하지만 의외로 많은 사람이 이 사실을 간과한다.

아시아 긍정심리연구소의 왕빙(汪冰) 수석연구원은 행복을 이렇게 정의했다.

'행복은 자신이 무엇을 가지고 있는지, 무엇을 할 수 있는지를 명확하게 깨닫고 이를 최대한 활용하고 발휘하는 것이다.'

사람들은 평생토록 행복을 찾아 헤맨다. 하지만 어쩌면 행복이란 처음부터 가까운 곳에 있었는지도 모른다. 모리스 메테를링크(Maurice Maeterlinck)의 아동극에서 행복을 상징하는 '파랑새'가 다른 어느 곳도 아닌 바로 집 안에 있었던 것처럼 말이다.

행복은 매우 주관적인 것이다. 그래서 샤하르는 "소유한 것을 기준으로 자신이 행복한지를 고민하는 것은 아무런 의미가 없으며, 자신에게 즐거움을 주는 긍정적인 경험이 무엇인지 생각하고 그것에 적극적으로 뛰어들라"라고 권했다. 그 역시 심리학을 학문으로 연구하는 데서 벗어나 심리학 지식을 이용해 실질적으로 사람들을 돕기 시작했을 때 진정한 행복을 맛보았다고 한다.

미국 문예비평가 헨리 맹켄(Henry Louis Mencken)은 말했다.

"행복해지고 싶다면 자신보다 훨씬 가난하고 못사는 사람과 자신을 비교하라. 그러면 항상 행복할 수 있다."

사실, 행복해지는 법은 단순하고 간단하다. 딱 두 가지만 기억하면 된다.

"지금을 소중히 여기고, 비교하지 말라!"

▼

Happiness Studies at Harvard

우리는 종종 빨리 목적지에 도달하겠다는 조급함 때문에 과정 자체를 즐기지 못한다. 또한 명예와 재물이 있어야만 행복해질 수 있다는 생각에 권력과 돈을 좇는 데 시간을 몽땅 쏟아붓는다. 하지만 이것들이 행복을 가져다주지는 않는다. 행복해지고 싶다면 자신에게 의미 있고 또 자신을 행복하게 만들어주는 일을 찾아야 한다. 또한 스스로 가치 있고 중요하다고 생각하는 목표를 추구하는 동시에 그 과정을 즐기고 누리는 법도 배워야 한다.

진정한 부유함은 돈으로 가늠할 수 없다

"당신이 얼마나 부유하든 또 얼마나 큰 권력을 가지고 있든 간에 인생의 마지막 날에는 결국 모든 것을 이 땅에 남겨두고, 오직 영혼만 가지고 가게 된다. 그래서 처음 세상에 왔을 때보다 훨씬 고귀하고 아름다운 영혼을 가지고 떠날 수 있도록 인생은 물질의 향연이 벌어지는 곳이 아니라 영혼을 수련하는 곳이어야 한다."

이나모리 가즈오(稲盛和夫) 일본항공인터내셔널 회장의 말이다. 그의 말대로 생각의 폭을 영혼의 선상까지 확장시켰을 때, 우리는 부유함에 단순한 물질적 의미 외에도 여러 다층적 의미가 있음을 발견하게 된다.

사람들은 종종 돈과 기쁨을 하나의 줄로 단단히 묶어두고, 돈이야말로 기쁨의 근원이라는 생각을 고집한다. 그러나 통계 수치를 보면 실상은 전혀 그렇지 않다. 제2차 세계대전 이후 서방세계 국가는 3

배 이상, 중국은 그보다 훨씬 많이 물질적 성장을 이루었지만 개인이 받는 스트레스나 불안감의 정도는 오히려 역사상 최고치를 기록하고 있기 때문이다.

고대 로마 격언 중 이런 말이 있다.

'재물은 소금물 같아서 마시면 마실수록 더욱 목마르다.'

자족할 줄 아는 사람은 영원히 빈곤하지 않지만 자족할 줄 모르는 사람은 영원히 부유할 수 없다.

아파트를 몇 채나 가지도 있어도 잘 때 필요한 것은 방 한 칸뿐이고 창고에 식량이 가득해도 하루에 먹는 것은 단 세 끼뿐이다. 역사 속 왕들은 천하를 호령하는 자리에 앉아 만민의 우러름을 받으며 산해진미를 먹고 비단옷을 입었다. 하지만 과연 그들을 진정으로 부유했다고 할 수 있을까? 그들 중 형제와 진심 어린 우애를 나누고 배필과 진정한 사랑을 나눈 이는 과연 얼마나 될까? 부와 명예, 모든 것을 가졌어도 진실한 우애와 사랑을 갖지 못했다면 결국은 빈털터리나 다름없다.

부유함은 결코 돈으로 가늠할 수 없다. 가난함도, 부유함도 모두 마음먹기에 달려 있는 것이다.

▼

사업의 성공 여부를 판단하는 기준은 돈이다. 자산, 부채, 이윤, 손해 모두 돈과 관련된 것이며 돈과 무관한 것은 기준에 들지 못한다. 돈이야말로 최고의 재산인 것이다. 인생에도 이윤과 손해가 있다. 그러나 인생의 성공 여부를 판단하는 기준은 사업과 전혀 다르다.

하버드대
행복학
명강의

2강

부정적 감정을 외면하지 말라

습관적으로 불평불만을 늘어놓는 사람들이 있다. 이들은 아침에 눈을 떴을 때 햇볕이 쨍하면 덥다고 짜증내고, 날이 흐리면 흐린 대로 기분이 가라앉는다며 신경질을 낸다. 이것도 눈에 거슬리고 저것도 마음에 안 들고……. 이렇게 하루 종일 불만의 목소리로 툴툴대자면 인생이 재미있을 리 없다.

사실, 이 모든 것은 자신이 자초한 일이다. 해는 당신이 기분 좋을 때도 떠 있고, 기분 나쁠 때도 떠 있다. 결국 당신의 기분은 해와 아무런 상관도 없는 것이다. 세상이 하나부터 열까지 자신과 맞지 않는다고 느껴질 때, 한번 곰곰이 생각해보자. 혹시 내가 기분 나쁜 이유는 모든 것을 지나치게 트집 잡고 있기 때문 아닐까?

쑤옌은 자신의 부정적인 감정을 현명하게 처리할 줄 안다. 부정적인 감정이 생길 때마다 그녀는 의식적으로 부정적인 감정의 근원을 꼼꼼히 분석해서 긍정적인 힘으로 전환시킨다. 예를 들어 업무에 스트레스를 받을 때면 그녀는 이렇게 자문한다.

"요즘 일적으로 새로운 동기나 원동력이 필요하지 않았던가?"

그렇다는 대답이 나오면 그녀는 '스트레스'를 능동적으로 받아들여버린다. 놀라운 것은 그녀가 스트레스를 받아들이기로 선택하는 순간 그것은 더 이상 스트레스가 아니라 일종의 자극이자 도전 과제, 즉 동기로 변한다는 점이다.

철학자 베이컨은 말했다.

"자연을 지배하고 싶다면 먼저 자연에 순종하라."

물론 부정적 감정을 인정하고 받아들이는 것이 감정 자체를 변화시키지는 않는다. 그러나 부정적 감정과 싸우지 않고 자연스럽게 받아들임으로써 그것을 조금씩 옅어지게 할 수 있다.

부정적 감정을 자연스레 받아들일 줄 아는 사람은 늘 향상심을 잃지 않는다. 또한 빛나는 열정을 유지하며 매일 긍정적인 감정을 찾고 개발한다. 그러나 부정적인 감정을 거부하며 싸우는 사람은 오히려 그 감정에 더욱 깊이 매몰되면서 갈수록 예민해지다가 결국 막다른 길에 몰린다.

긍정적인 마음가짐은 인생을 즐겁게 만드는 비결이자 최선의 해결책이다. 살다 보면 누구나 불쾌한 일을 겪는다. 일에서든 일상생활에서든 우울할 때가 온다. 하지만 부정적인 감정과 싸우는 것은 좋은 방법이 아니다. 애써 그 감정을 부정하다가 오히려 새로운 고민거리가 생길 수도 있다. 그보다는 이런 일이 왜 생겼고 어떻게 발전되었는지를 객관적으로 돌아보고 담담히 받아들이는 편이 낫다. 그렇게 하고 나면 자신을 우울하게 만든 일이 실은 대수롭지 않고, 또한 금방 지나가리라는 사실을 깨달을 수 있다.

어느 절에 새로운 승려가 들어왔다. 그해 연말, 주지 스님과 마주앉아 이야기를 하는 자리에서 그는 딱 한마디만 하고 입을 다물었다.

"침상이 딱딱합니다."

다음 해 연말, 이번에도 그는 주지 스님에게 딱 한마디만 했다.

"밥이 적습니다."

삼 년째 되던 해 연말, 주지 스님이 부르기도 전에 방에 들이닥친 그가 내뱉었다.

"안녕히 계십시오!"

절에서 점점 멀어지는 그를 보며 주지 스님은 중얼거렸다.

"마음에 마귀가 있으면 바른 열매를 거둘 수 없는 법! 안타깝고 안타깝도다!"

인생은 아직 현상하지 않은 필름과 같다. 현상해보기 전까지는 그 안에 담긴 사진이 상상만큼 아름다울지, 아니면 엉망일지 알 수 없다. 하지만 인생은 또한 길과 같아서 결과와 상관없이 끝까지 걸어가야 한다. 그 길이 평탄하든 험난하든, 부정적인 감정을 받아들이고 그것을 발판 삼으며 타인에게 용서를 베풀 줄 아는 사람이 가장 좋은 결실을 얻게 될 것이다.

구체적으로 말하면 인생에서 부정적 감정은 지출, 긍정적 감정은 수입이다. 긍정적 감정이 부
정적 감정보다 많을 때 우리는 행복이라는 최고의 수익을 내게 된다.

---★---

'행복의 열쇠'를 남에게 맡기지 말라

---★---

희로애락은 누구나 갖는 자연스러운 감정이다. 사람은 무의식적으로 감정에 따라 행동하게 마련이다. 그러나 때와 장소에 맞지 않게 자신의 감정을 표출하거나 감정의 노예가 되는 것은 엄청난 손실을 초래하기에 반드시 주의해야 한다.

어느 심리학자가 말했다.

"화가 날 때 화를 다스리고, 기쁠 때 침착하며, 슬플 때 슬픔을 환기시킬 줄 알아야 한다. 또한 우울할 때 기분을 전환하고, 초조할 때 마음을 달래며, 놀랐을 때 안정할 수 있어야 한다."

이처럼 자신의 감정을 적절하게 다스리고 감정의 주도권을 스스로 잡는다면 마인드 컨트롤을 통해 언제든지 긍정적인 기분을 유지할 수 있다.

1965년 9월 7일, 뉴욕에서 세계당구선수권 대회가 열렸다. 당구의 귀재 루이스 폭스는 승리의 예감에 도취됐다. 상대 선수를 큰 점수 차로 앞서고 있고, 몇 점만 더 따면 확실히 금메달을 거머쥘 수 있었기 때문이다. 그러나 바로 그 순간, 예상치 못한 일이 발생했다. 파리 한 마리가 당구대 위로 날아든 것이다. 처음에는 루이스도 별로 신경을 쓰지 않고 대충 손을 휘둘러 파리를 쫓은 뒤 몸을 구부리고 신중하게 공을 치려고 했다. 그런데 그놈의 파리가 하필이면 그가 치려는 당구공 위에 앉았다. 루이스가 또다시 큐를 멈추고 파리를 쫓자 관중석에서 웃음이 터져나왔다. 마치 자신을 비웃는 것 같아서 기분이 상했지만 루이스는 애써 마음을 가다듬고 다시 당구대 위로 몸을 숙였다. 하지만 파리는 일부러 그를 괴롭히기로 작정한 것처럼 끊임없이 당구대 위를 맴돌며 그를 방해했다. 관중석의 웃음소리는 점차 커져갔다.

마침내 머리끝까지 화가 난 루이스는 이성을 잃고 큐를 힘껏 휘둘러 파리를 쫓았다. 그러다 그만 부주의하게 공을 건드렸고, 심판이 이를 규칙 위반으로 판단하는 바람에 공격권을 빼앗기고 말았다. 상대편 선수는 그 기회를 놓치지 않고 기세를 몰아서 점수 차를 바짝 좁혔고, 마침내 루이스를 앞질렀다. 루이스는 결국 자신의 감정을 다스리지 못한 탓에 금메달을 놓치고 말았다.

프랑스 작가 뒤마(Alexandre Dumas)는 말했다.

"기쁨과 괴로움, 성공과 실패는 한순간 생각의 차이로 결정된다."

때때로 우리는 성공하고 싶다는 욕심에 사로잡힌 나머지 명예와 이익을 좇는 데 급급해 마음의 평안을 잃고 불안함에 시달린다. 하지만 부정적인 감정이 우리의 머리를 지배하고 있는데 어떻게 발전적이고 바른 방향을 찾을 수 있겠는가? 자기 감정의 노예가 되거나 감정에 휩쓸려 행동하지 말고 감정을 통제할 수 있어야 한다. 상황이 아무리 나빠도 자신을 둘러싼 환경을 지배하려고 노력함으로써 스스로를 암흑에서 구해야 하는 것이다.

이 세상에 오욕칠정(五慾七情)을 느끼지 않는 사람은 없다. 다시 말해 부정적인 감정에서 완전히 자유로울 수 있는 사람은 없다는 뜻이다. 분노, 질투, 걱정, 절망, 자책, 원망 등 부정적 감정이 일어날 때 최대한 차분하게 이러한 감정이 생긴 원인을 생각해보자. 절대 다른 사람의 탓을 해서는 안 된다. 남 탓을 하지 않고 자신을 객관적으로 볼 줄 알아야 자기감정의 주인이 될 수 있으며, 감정을 지배할 힘을 얻는다. 다른 사람 때문에 화를 내는 것은 그 사람이 잘못한 일로 오히려 자기 자신을 벌하는 꼴이 된다.

어느 부인이 말했다.

"난 정말 불행해요. 남편이 자주 출장을 가서 집을 비우거든요."

어느 엄마가 말했다.

"아이가 제 말을 전혀 듣지 않아요. 정말 화가 나요!"

어느 시어머니가 말했다.

"내 며느리는 효도를 몰라요. 그래서 사는 게 너무 힘들어요."

어느 직장인이 말했다.

"직장 상사가 나를 인정해주지 않아서 기분이 우울해요."

어느 손님이 말했다.

"이 가게 사장은 너무 불친절해! 짜증이 나 죽겠어!"

이들에게는 한 가지 공통점이 있다. 바로 자신의 기분을 다스릴 열쇠를 다른 사람의 손에 쥐어줬다는 점이다.

우리는 자신도 모르는 사이에 '행복의 열쇠'를 다른 사람의 손에 맡긴 채 살아간다. 그러나 성숙한 사람은 그 열쇠를 절대 남에게 넘기지 않는다. 행복이 바로 자신의 내면에서 시작된다는 사실을 잘 알기 때문이다.

'행복의 열쇠'를 다른 사람에게 맡기고 그가 자신을 행복하게 해주기를 바라는 것은 아무런 의지도 없는 꼭두각시로 사는 것이나 다름없다. 내가 행복하지 않으면 손해 보는 사람은 나 하나뿐이다. 나를 힘들게 하거나 괴롭게 한 사람에게는 나의 불행이 아무런 영향도 미치지 못한다.

가끔 화를 내거나 불쾌한 감정을 고스란히 드러내도 괜찮다. 단, 자신의 감정을 조절하고 감정의 노예가 되지 않게 스스로를 제어할 줄 알아야 한다. 당신의 '행복의 열쇠'는 어디 있는가? 아직도 다른 사람의 손에 있는가? 속히 그 열쇠를 찾아와 당신 손으로 꼭 움켜쥐어라!

'미소는 돈 한 푼 들이지 않고도 사람을 행복하게 만든다.'

행복한 사람은 희망이 가득하고, 희망이 가득한 사람은 진실하다. 그리고 진실한 사람은 아름답다. 부정적인 감정으로부터 자신의 영혼을 보호하고 적극적으로 행복을 추구하라. 그러면 자신도 모르는 사이에 더욱 아름다운 사람이 될 것이다.

분노를 조절하는 법

한 유명 작가가 친구와 함께 가판대에서 신문을 샀다. 친구는 가판대 주인에게 매우 예의 바르게 고맙다고 말했지만 주인은 고개조차 들지 않았다. 잔뜩 화가 난 작가는 돌아오는 길에 그 주인을 향한 불만을 터뜨렸다.

"장사하는 사람의 태도가 저게 뭔가?"

친구가 대수롭지 않다는 듯 말했다.

"저 사람은 항상 저렇다네."

"그래? 그런데 자네는 화가 안 나는가?"

그가 이상하다는 듯 묻자 친구가 웃으며 대답했다.

"화나지. 하지만 저 사람의 태도가 내 기분을 좌지우지하게 내버려 둘 필요는 없지 않은가?"

살다 보면 화날 일이 정말 많다. 부부싸움을 할 수도 있고, 직장에서 상사 또는 동료와 분쟁이 생길 수도 있다. 자식이 말을 안 듣고 반항해도 화가 나고, 심지어 퇴근길에 차가 지나치게 막힐 때도 분노가 치민다.

분노는 독약과 같아서 한 번 작동하면 이성을 마비시켜 사람을 날뛰게 만든다. 분노를 한바탕 폭발시키면 기분이 나아질까? 그게 반드시 속이 후련해지는 것도 아니다. 결국 나도, 남도 피해자가 될 뿐이다.

옛날, 한 마을에 화를 잘 내는 남자가 살았다. 그는 작은 일도 참지 못하고 툭하면 불같이 화를 냈다. 그 탓에 하루가 멀다 하고 이웃과 말싸움을 했고 길거리에서 주먹다짐을 했다. 이런 일이 계속되자 마을 사람들은 점점 그를 피하기 시작했고, 그는 어느새 외톨이가 되고 말았다.

어느 날 밤, 남자는 잠자리에 누워 자신이 왜 그렇게 남과 다투고 싸웠는지를 곰곰이 생각해보았다. 날이 밝아오도록 생각을 거듭한 후, 그는 결국 다른 사람이 자신의 기분을 상하게 한 탓이라는 결론을 내렸다.

다음 날, 남자는 짐을 싸서 아무도 없는 깊은 산속으로 들어갔다. 사람들과 만나지 않고 홀로 생활한다면 다시는 화가 날 일도 없으리라고 생각한 것이다.

며칠 후 남자는 산 아래 작은 계곡으로 물을 길러 갔다. 그런데 물통 한가득 물을 길어 돌아오다가 넘어지는 바람에 물을 다 쏟아버렸다. 남자는 어쩔 수 없이 다시 계곡으로 가 물을 길었다. 하지만 돌아오는 길에 또다시 돌부리에 걸려 물을 다 쏟았다. 세 번째에는 조심하고 또 조심하며 걸어왔지만 결과는 마찬가지였다. 결국 남자는 화를 참지 못하고 고래고래 소리 지르며 물통을 바위에 던져 박살냈다.

분노를 통제하지 못하는 사람은 자신의 감정을 좀처럼 주체하지 못한다. 이들은 불꽃에 노출된 휘발유와 같아서 언제 분노의 화염에 휩쓸릴지 알 수가 없다.

몇몇 사람이 방 안에서 어떤 사람의 행실에 대해 이야기하고 있었다. 한사람이 말했다.

"그 사람은 다른 것은 다 좋은데 딱 두 가지를 고쳐야 해. 하나는 툭하면 화를 내는 것이고, 다른 하나는 경솔하게 행동하는 것이야."

그런데 마침 당사자가 방 앞을 지나다가 그 말을 듣고 말았다. 머리끝까지 화가 난 그는 대뜸 방문을 박차고 들어가 삿대질하며 소리쳤다.

"내가 언제 툭하면 화를 내고 경솔하게 행동했다고 그래?"

방 안에 있던 사람들은 깜짝 놀라 서로를 바라보았다. 잠시 후, 모두가 한목소리로 외쳤다.

"지금 그러고 있잖아!"

아예 화를 내지 않고 살기란 불가능하다. 하지만 어느 정도 통제해야만 한다. 분노의 감정을 통제하지 못하면 미쳐 날뛰는 사자처럼 주변 사람을 다치게 할 수 있기 때문이다.

미국 남북전쟁 당시, 국방장관 에드윈 스탠턴(Edwin M. Stanton)이 씩씩거리며 링컨 대통령을 찾아왔다.

"어느 장군이 저에게 모욕적인 언사를 했습니다. 글쎄, 제가 몇몇 사람을 편애한다며 비난하는 게 아닙니까?"

그러자 링컨은 스탠턴에게 그 장군을 힐난하는 편지를 써보라고 권했다. 이에 스탠턴은 편지지 가득 신랄하고 비판적인 글을 써서 링컨에게 보여주었다. 링컨은 고개를 끄덕이며 아주 잘 썼다고 칭찬했다. 하지만 막상 스탠턴이 문제의 편지를 장군에게 보내려고 하자 그를 말렸다.

"괜한 분쟁을 일으킬 필요는 없소. 그 편지는 벽난로에 던져 태워버리시오."

또 링컨은 차분한 어조로 대답했다.

"화가 났을 때 그 감정을 가슴에 쌓아두는 것은 분명 해롭소. 그렇다고 분노의 노예가 되어 다른 사람에게 분풀이를 해선 안 되오. 그렇게 할 경우, 더 큰 문제가 발생하고 더 많은 사람이 다치게 된다오."

"그러면 어찌해야 합니까?"

"내가 편지를 쓰라고 한 것이 그 때문이오. 편지를 쓰면서 분노를 발산한 뒤 그 편지를 태우면 자연스럽게 감정을 정리할 수 있지요!"

분노는 양날의 검이다. 잘 다루면 새로운 원동력이 될 수 있지만 잘못 다루면 이성과 지혜를 앗아가는 광풍이 될 수도 있다. 스스로 절제하지 못하고 분노에 휩쓸리면 다른 누구도 아닌 자기 자신이 가장 큰 손해를 보게 된다.

당나라 때의 유명한 선승들 이야기다. 한산(寒山)이 습득(拾得)에게 물었다.

"세상 사람이 나를 비방하고 속이고 업신여기며 비웃고 깔보고 천대하네. 또한 나를 미워하고 속이니 대체 어떻게 하면 좋겠는가?"

습득이 대답했다.

"그저 참고 양보하고 내버려두며 피하고 견뎌내고 공경하며 더불어 다투지 않으면 몇 년이 지난 후에는 모든 것이 이치대로 되어가는 것을 볼 수 있을 것이네."

모든 모욕, 비웃음, 실패는 언젠가 반드시 연기처럼 사라진다. 마음을 조금 더 넓게 가진다면 이런 문제가 생겨도 금방 평상심을 잃거나 분노에 사로잡혀 머리가 혼미해지지 않을 수 있다. 그렇게 자기 자신을 다잡고 있노라면 어느 순간 고통 또한 지나갔음을 깨닫게 된다. 그때는 모든 모욕과 비웃음, 실패가 인생에 가장 귀한 밑거름이 될 것이다.

▼

Happiness Studies at Harvard

인생을 살다 보면 원치 않는 일도 일어나고 자신이 미처 알지 못한 문제도 닥치며 혼란스럽고 괴로운 순간도 온다. 또한 내가 원하는 일, 바라던 것, 행복한 순간 역시 온다. 하지만 어떤 순간에도 경건하고 진실한 마음을 잃지 않는다면 반드시 평안할 수 있다. 그렇지 않다면 우리의 인생은 분노와 다툼, 질투와 원망, 미움과 분쟁 속에 가라앉고 말 것이다.

---★---

두렵다면 행동하라

---★---

저명한 자기계발 전문가 데일 카네기는 "진심으로 두려움을 극복하고 싶다면 집 안에 있지 말고 밖으로 나와 행동하라"고 충고했다.

해외여행을 가는 것이 꿈인데 여행길에서 만날지 모를 위험이 두려워 행동하지 않는다면 그 꿈은 언제까지나 지도 위에 머물 수밖에 없다. 그러다 죽음이 눈앞에 닥쳤을 때, 실체도 없는 두려움 때문에 꿈꾸던 그곳에 실제로 가볼 기회를 영원히 놓쳐버렸음을 깨닫는다면 얼마나 아쉽고 허무하겠는가?

아무리 사소한 계획이라도 일단 행동에 옮기지 않으면 실현 가능성은 제로다. 반딧불이가 날갯짓할 때만 비로소 빛을 발할 수 있는 것과 마찬가지다.

프랭클린 루스벨트 대통령의 재임 당시, 미국 경제는 대공황 상태였다. 그야말로 온 나라가 두려움과 불안에 빠져 있었다. 나라의 경제를 살리기 위해 루스벨트는 뉴딜정책을 시행하기로 했다. 새로운 정책의 순조로운 이행을 위해 불안한 민심을 안정시키려고 그는 '난롯가 담화'라는 라디오 연설을 했다. 다음은 그 연설 중 일부다.

"우리가 금융체제를 개혁할 때 화폐보다 중요하고 금보다 귀중한 것이 한 가지 있습니다. 바로 국민 여러분의 믿음입니다. 우리의 새로운 정책이 성공하려면 무엇보다도 믿음과 용기가 필요합니다. 국민 여러분, 믿음을 가지십시오. 근거 없는 유언비어에 흔들리거나 놀라지 말고, 모두 함께 뭉쳐서 두려움을 이겨나갑시다. 우리가 유일하게 두려워해야 할 것은 두려움 그 자체입니다. 모호하고 경솔하며 아무런 근거도 없는 바로 그 두려움 말입니다."

루스벨트는 문제를 직시하고 과감한 조치를 취해 미국 경제를 위기에서 구해냈다. 그뿐만 아니라 미국을 반(反)파시스트 전쟁에 참여하게 함으로써 제2차 세계전쟁을 승리로 이끌었다.

임종을 맞기 전, 루스벨트는 이렇게 썼다.

'내일의 목표를 실현하지 못하도록 가로막는 유일한 장애물은 바로 오늘의 두려움이다. 긍정적이고 강인한 믿음으로 모든 두려움을 이겨내자.'

한 나라의 대통령이자 개혁의 선구자였던 루스벨트는 임종하는 순간까지도 국민에게 두려움을 이겨낼 것을 강하게 권고했다. '두려움'이라는 감정이 나라와 국민에게 얼마나 심각한 재난이 될지 잘 알고 있었기 때문이다. 또한 두려움을 극복하고 승리를 쟁취할 유일한 수단이 바로 행동이라는 사실도 알았다. 행동하는 순간, 실체 없이 부풀려졌던 두려움은 공기 빠진 풍선처럼 쪼그라들게 마련이다.

미국의 저명한 심리학자 윌리엄 제임스(William James)는 말했다.

"원래의 자연스러운 즐거움을 잃어버렸을 때, 이를 되찾는 가장 좋은 방법은 마치 늘 즐거웠던 것처럼 일어나서 말하고 행동하는 것이다. 만약 이 방법으로도 다시 즐거워지지 않는다면 다른 방도가 없다. 마찬가지로 용기가 필요하다고 생각되면 정말로 용기 있는 것처럼 행동하고 그 목표를 이루기 위해 최대한 의지를 북돋아라. 그러면 어느 순간 용기가 두려움을 대신할 것이다."

지금의 존스는 유명 저널리스트이지만 새내기 시절에는 부끄러움을 많이 타고 낯선 사람 만나기를 두려워했다. 한번은 상사가 그에게 어느 판사를 취재해 오라고 시키자, 존스는 극도의 두려움에 빠졌다.

"안 됩니다, 못해요. 그 판사는 저를 모릅니다. 아마 만나주지 않을 거예요."

그러자 동료 기자가 대뜸 판사의 사무실에 전화를 걸더니 천연스레 말했다.

"안녕하세요, 저는 〈워싱턴 스타〉의 존스 기자입니다. 브랜다이스 판사님을 취재하고 싶은데, 혹시 오늘 잠깐이라도 시간을 내주실 수 있을까요?"

깜짝 놀란 존스는 황급히 그를 말리고 나섰다.

"내 이름을 대면 어떻게 합니까?"

그때, 전화기 너머로 상대편의 목소리가 들려왔다.

"그럼 한 시 십오 분까지 사무실로 오십시오. 시간을 꼭 지켜주시고요."

전화를 끊은 뒤, 동료 기자는 어깨를 으쓱이며 말했다.

"존스 씨, 약속 잡혔습니다."

존스는 그만 망연자실해졌다. 약속은 이미 잡혔으니 미룰 수 없었다. 존스는 울며 겨자 먹기로 취재를 나갔다. 비록 긴장과 두려움에 정신을 잃을 지경이었지만 어쨌든 판사를 취재했다.

그 후로 존스는 매번 약속을 잡고 취재를 나갈 때마다 무조건 한 걸음 내딛는 용기를 냈다. 그러자 두려움도 조금씩 옅어지기 시작했다. 저널리스트로서 이름이 알려진 후 존스는 이렇게 고백했다.

"동료가 나 대신 약속을 잡았던 그때가 제게는 이십여 년을 통틀어 가장 중요한 교훈을 배웠던 순간입니다."

우리가 어떤 일을 해보기도 전에 두려워하는 까닭은 부정적인 면만 생각하기 때문이다. 그러나 모든 일에는 두 가지 면이 있다. 긍정적인 마음을 가질수록 두려움은 한층 가벼워진다. 또한 이렇게 생각하고 행동하는 것이 조금씩 습관이 되면 점차 자신감과 용기가 붙는다. 많이 행동할수록 두려움은 사라지고 자신감이 생기는 것이다.

한창 전쟁 중인 어느 나라, 적군의 전투기가 한바탕 폭격을 하고 지나간 뒤에 남은 것은 처참한 잔해뿐이었다. 사람들은 모두 엄청난 공포에 질려 아무것도 못한 채 눈물만 흘렸다. 그런데 그때, 한 남자가 말없이 폐허에서 벽돌을 골라내어 한쪽에 쌓기 시작했다. 나중에 건물을 다시 지을 때 쓸 수 있도록 멀쩡한 벽돌을 따로 모은 것이다. 그 모습을 본 사람들은 하나둘 울음을 그치고 남자를 따라 벽돌을 줍기 시작했다.

두려움은 어떻게 극복하는가? 가장 좋은 방법은 용감하게 한 걸음을 내딛는 것이다. 행동하기 시작할 때, 두려움은 그 자취를 감춘다.

Happiness Studies at Harvard

셰익스피어는 말했다.

"행동은 가장 강력한 설득력이다. 오늘을 가장 설득력 있는 행동으로 시작한다면 내일은 가장 설득력 있는 결과를 얻게 될 것이다."

실제적인 행동으로 내면의 두려움을 이길 때, 우리는 비로소 진정한 마음의 안정을 얻을 수 있다.

느리게 더 느리게

알프스 산 중턱에는 시원하게 뚫린 넓은 도로가 있다. 도로 양옆은 꽃과 나무로 가득하고 온갖 나비가 춤을 추는 등 멋진 풍경을 자랑한다. 그런데 이 도로에 '천천히 가면서 즐겨보세요'라고 적힌 표지판이 있다. 사람들이 얼마나 정신없이 지나가버리면 이런 표지판이 다 등장했을까! 아마 목적지에 한시라도 빨리 도착하겠다는 일념으로 내달리느라 숨 막히도록 아름다운 절경이 바로 눈앞에 있는데도 보지 못하고 지나치는 것 아닐까?

과거에는 우리도 이웃과 소소한 집안일부터 나라의 대소사까지 서로 이야기하고 나누는 시간적, 감정적 여유가 있었다. 그러나 요즘은 어떠한가? 바쁘고, 또 바쁘며, 미치도록 바쁘다! 오죽하면 "잘 지내십니까?"라는 인사보다 "많이 바쁘시죠?"라는 말을 더 많이 할까! 묻는 사람도 대답하는 사람도 '바쁘다'는 것을 이미 기정사실로 하고 있는 셈이다.

예전에는 손님을 배웅할 때 보통 "천천히 살펴 가십시오"라고 인사했다. 그런 뒤 손님의 뒷모습이 보이지 않을 때까지 대문 앞에 서서 눈으로 배웅을 했다. 하지만 경제가 극도로 발달한 요즘, 특히 도시에서는 이런 모습을 찾아보기 힘들다. 비록 손님이 돌아갈 때 "천천히 살펴 가십시오"라고 인사하지만, 손님도 차를 타고 쌩하니 사라져버리고 주인 역시 손님이 채 떠나기도 전에 집으로 들어와버린다. 뒷모습을 지켜봐줄 마음의 여유도, 시간도 없는 것이다.

이렇게 바쁘게 살아가는 동안 어쩌면 우리는 많은 것을 잃고 있는지도 모른다. 솔직하게 생각해보자. 아침부터 저녁까지 빡빡하게 들어찬 스케줄을 정신없이 따라가면서 속으로는 스스로 충실하게 살고 있다고 위로하지만, 사실은 비할 데 없는 공허감에 몸부림치고 있지는 않은가?

한 신부가 천천히 길을 걸어가고 있는데 어떤 사람이 바쁜 걸음으로 그의 곁을 빠르게 지나쳐갔다. 호기심이 생긴 신부는 그를 불러 세웠다.

"이보게 젊은이, 무슨 급한 일이라도 있는가?"

젊은이는 화가 난 얼굴로 말을 내뱉었다.

"나는 아주 바빠요! 삶을 따라잡아야 한단 말입니다!"

"아니, 삶이 앞에 있는지 뒤에 있는지 어찌 안단 말인가? 자네는 무조건 앞으로 달려갈 줄만 알지, 멈춰 서서 주위를 둘러볼 줄은 모르는구먼. 잠시 걸음을 멈추고 스스로에게 물어보게나. 삶은 과연 어디에 있는가? 어쩌면 지금 삶은 저 뒤에서 힘들게 자네를 쫓아오고 있을지도 모르네. 자네가 빨리 달리면 달릴수록 삶과 가까워지는 것이 아니라 더 멀어지고 있다는 말일세!"

인생은 편도 여행이다. 누군가는 비행기나 로켓을 타고 앞만 보고 달려간다. 기나긴 여행의 과정을 순간으로 압축해버리는 것이다. 잠시 쉬지도, 멈추지도 않고 달려간 여행의 끝에는 잠깐의 쾌감만 남는다. 어떤 사람은 마차를 타고 천천히, 심지어 두 발로 걸어서 산을 넘고 물을 건넌다. 그 여정에서 꽃과 새를 보고, 나무와 곤충을 관찰하며, 때로는 걸음을 멈추고 바람이 나뭇잎을 스치는 소리에 귀 기울이기도 한다. 이들이야말로 인생을 있는 그 자체로 즐길 줄 아는 것이다. 인생의 맛은 다양하다. 그래서 허겁지겁 삼키는 것보다는 천천히 씹고 음미해야 진정한 맛도, 즐거움도 느낄 수 있다.

사람들은 입버릇처럼 너무 바빠서 도저히 쉴 여유가 없다고 말한다. 하지만 아무리 바빠도 의도적으로 쉴 시간을 만들어야 한다. 그래야 생활에 긴장과 이완이 반복되면서 더 멀리, 더 높이 나갈 힘을 얻을 수 있다.

가끔은 바쁜 걸음을 멈추고 자신을 둘러싼 세상을 바라보자. 봄에 피는 꽃과 가을에 지는 달, 뜨거운 여름을 식히는 시원한 바람과 겨울을 감싸는 눈을 음미해보자. 풀이 자라는 모습을 봐도 좋고, 낙엽이 떨어지는 모습을 봐도 좋다. 이 모든 것은 인생이 우리에게 베푸는 최고의 축복이다. 놓치기에 너무 아깝지 않은가! 우리는 스스로 생활의 리듬을 적당히 늦추고 휴식 속에서 인생의 참 정취를 찾아낼 줄 알아야 한다.

앨리샤는 그 누구보다도 열심히 살았다. 그녀의 하루는 꽉 짜인 스케줄로 숨 돌릴 새조차 없이 바쁘게 돌아갔다. 얼마나 바쁜지 몸이 하나인 것이 원망스러울 지경이었다. 어쩌다 드물게 쉴 시간이 생겨도 앨리샤의 머릿속은 온갖 생각으로 어지러웠다. 어제 했던 회의의 내용을 곱씹어보고, 오늘 저녁에 있을 약속을 생각하며, 내일모레 잡힐지도 모르는 미팅에 대해 고민하느라 쉬어도 쉬는 것 같지 않았다. 그녀의 생활은 겉으로는 매우 규칙적으로 보였지만 사실은 극도로 혼란했다. 가끔은 자신이 언제까지 이런 생활을 견딜 수 있을지 덜컥 겁이 났다.

결국 앨리샤는 자기 자신에게 좀 더 많은 시간을 투자하기로 했다. 그녀는 몇 가지 일을 포기하고 스케줄을 조정해 쉬는 시간을 늘렸다. 쉬는 시간이 늘자 그녀의 생활은 놀랄 만큼 변하기 시작했다. 잡생각과 고민으로 시간을 낭비하거나 스트레스 받는 일이 사라졌고 덕분에 이전과 똑같은 성과를 올렸다. 가장 큰 변화는 그녀 자신에게 일어났다. 자신의 마음을 알아주는 친구들과 더욱 자주 어울리고 함께하면서 예전에는 미처 알지 못했던 행복을 느끼게 된 것이다.

생각하기에 따라 인생은 길고 또 살 만하다. 조급한 마음을 버리고 천천히 걸으면서 앞만 바라보던 시선을 돌려 자신이 걸어온 길과 주변, 먼 곳의 풍경을 바라보는 여유를 가져보면 어떨까?

앞서 말했듯이 인생은 여행이지, 단거리 경주가 아니다. 한 걸음, 또 한 걸음 걸을 때마다 주변의 풍경을 즐기는 것이야말로 진정한 인생이다. 속도를 늦추고 느리게 걸으면서 주변을 돌아보자. 예전에는 무심코 지나쳤던 아름다움을 발견할 것이다.

▼

Happiness Studies at Harvard

"바쁘게 살아가는 사람의 가장 큰 문제는 오직 성공할 때만 기쁨을 느낀다는 점이다. 그들은 과정의 중요성을 알지 못한다."

행복은 산 정상을 정복하는 것이 아니라 정상을 향해 가는 과정에서 느낄 수 있다. 인생은 길다. 그러니 천천히 걸어도 괜찮다. 천천히 걸으면서 인생의 풍경을 마음껏 즐기자.

------------ ★ ------------
때때로 정지, 행복을 충전하라
------------ ★ ------------

.

어느 큰스님이 이런 말을 남겼다.

"만약 당신이 도시에 살고 있다면 일주일에 최소한 한 번은 하늘을 올려다보십시오. 그리고 깊이 심호흡하십시오."

어쩌면 우리는 바로 머리 위에 있는 하늘도 올려다볼 새 없이 바쁘게 살고 있는지 모른다. 먹고살기 위해, 성공하기 위해, 더 많은 것을 얻기 위해 무조건 앞만 보고 달려가는 동안 대체 우리는 얼마나 많은 풍경을 놓치고 살아왔을까?

현대인은 대부분 생활에 쫓겨서 바쁘게 사느라 늘 피로에 절어 있다. 신체적 피로뿐만 아니라 온갖 걱정과 스트레스에 따른 정신적 피로 역시 만만치 않다.

사람은 연료만 주입하면 알아서 돌아가는 기계가 아니다. 피곤하면 쉬어야 하고, 가끔은 기분 전환도 해야 한다. 게다가 적절히 쉬어야만 더 멀리, 더 오래 앞을 향해 나아갈 수 있다. 그래서 인생의 참 행복을 누리려면 열심히 일하는 것 못지않게 잘 쉬는 것도 중요하다.

하루 종일 일만 하는 부지런한 꿀벌이 있었다. 꿀벌은 태어나고 머지않아 꽃에서 꿀과 화분 채집법을 배웠고, 그 후로는 줄곧 아침부터 저녁까지 꿀을 모으러 사방으로 날아다녔다.

신선한 꽃을 발견하면 꿀벌은 홀린 듯 다가가 정신없이 꿀과 화분을 모았다. 이 꽃에서 저 꽃으로, 저 꽃에서 이 꽃으로 날아다니며 일하느라 견딜 수 없이 피곤했지만 그때마다 꿀벌은 스스로를 다잡았다.

"모아야 할 꿀이 저렇게 많은걸! 그러니 조금만 더 힘을 내자."

하지만 이쪽의 꿀을 다 모으고 돌아서면 저쪽에 한가득 피어 있는 꽃이 보였다. 아무리 열심히 일해도 끝이 보이지 않을 정도였다. 사실, 꿀벌이 사는 곳은 유명한 화원이었다. 그곳에는 꿀벌이 평생을 다 바친다고 해도 전부 채집할 수 없을 만큼 꽃이 있었다.

그러던 어느 날, 한가득 꿀을 품고 날던 꿀벌은 그만 피곤을 이기지 못하고 땅으로 떨어져버렸다. 그는 바닥에 누워서 희미하게 꺼져가는 숨을 몰아쉬며 말했다.

"아, 아직도 모아야 할 꿀이 많은데……."

때때로 바쁨 그 자체가 무거운 멍에처럼 우리를 짓누른다. 하지만 아무리 바빠도 가끔은 모든 것을 내려놓고 쉬면서 피곤한 몸과 정신을 돌봐야 한다. 잠깐 쉰다고 해서 뒤처지지 않는다. 오히려 적당한 휴식은 원기 회복을 도와줌으로써 다시금 생활 전선에 뛰어들 힘을 북돋는다. 같은 길을 가더라도 피곤에 취해 억지로 걸음을 떼기보다는 충분한 휴식을 취한 뒤 가벼운 걸음으로 가는 편이 훨씬 빨리 목적지에 이를 수 있다. 그래서 인생이라는 여행길을 갈 때는 신발 안에 작은 돌멩이를 넣어두어야 한다. 그래야 무조건 앞만 보고 달려가지 않고, 가끔씩 걸음을 쉬며 주변을 돌아볼 수 있기 때문이다.

20여 년 넘게 사업에 몸담아온 사업가가 있었다. 그동안 열심히 일한 만큼 회사도 크게 성장했고 많은 존경을 받았지만, 정작 그 자신은 요즘 들어 모든 것이 지겹고 우울했다. 처음 사업을 시작할 때의 열정과 패기도 전부 사라진 듯했다.

한참을 고민한 뒤, 그는 자신이 우울한 이유가 그동안 너무 바쁘게 살아오느라 몸도 마음도 지쳤기 때문이라는 결론을 내렸다. 그래서 회사를 잠시 아랫사람에게 맡기고 휴가를 다녀오기로 결정했다.

사업가는 회사 일을 처리한 뒤 가볍게 짐을 챙겨서 떠났다. 도심에서 멀리 떨어진 어느 시골에 도착한 그는 짐을 내려놓고 산책을 나섰다. 그곳은 놀랍도록 조용하고 한적했으며, 주민들은 소박하고 성실했다. 사업가는 매일 논과 밭을 돌아다니며 농부들과 날씨나 한 해의 수확에 대해 이야기했다. 가끔은 간이의자를 빌려 저수지로 나가 낚시하는 사람들 사이에 끼어 앉아 있기도 했다. 낚시꾼 중에 어린 자녀를 데리고 온 사람도 많아서 낚시터는 항상 아이들의 명랑한 웃음

소리가 끊이지 않았다. 물고기가 걸려 올라올 때마다 사업가도 아이들과 함께 큰 소리로 웃었다. 그러면서 그는 평생 맛보지 못한 즐거움과 행복을 느꼈다.

한 달 후, 사업가는 다시 회사로 돌아왔다. 회사는 달라진 점이 없었지만 그는 한 달 전의 그가 아니었다. 훨씬 활력 넘치고 열정과 호기심이 가득한 사람이 된 것이다. 사업가는 다시금 큰 도약을 이루리라고 결심했다.

누구나 더 나은 삶을 위해 매일같이 일에 열중하고 매달린다. 하지만 스스로 열심히 산다고 자부하는 사람일수록 '휴식'에 대해 더 진지하게 고민할 필요가 있다. 인생은 오로지 직진만 가능한 일방통행로다. 게다가 인간은 누구나 태어난 후에는 죽음을 향해 간다. 모두가 같은 목적지를 향해 가는 것이다. 물론 열심히 사는 것도 중요하다. 하지만 목적지에 다다르기 전에 가끔 바쁜 발걸음을 멈추고 이 세상을 충분히 감상하는 여유를 가져보면 어떨까?

등산의 참 묘미는 정상 정복에 있지 않다. 그보다는 산길을 쉬엄쉬엄 올라가면서 주변의 아름다운 풍경을 보고, 산새 소리를 들으며, 시원한 바람을 맞는 것이 등산의 재미다. 쉬지 않고 처음부터 무조건 정상을 향해 내달린다면 오히려 중도에 지쳐서 아예 포기하게 될지도 모른다.

쉴 줄 모르는 사람은 일도 못한다. 행복한 생활을 영위하고 싶다면 적절히 쉬는 법을 배워라. 걸음을 멈추고, 숨 돌릴 여유를 가져라. 잠깐 휴식을 취하고 나면 더 멀리, 더 오래 갈 수 있는 힘이 생길 것이다.

▼

비틀즈의 멤버 존 레논은 말했다.

"인생이란 내가 계획을 세우느라 분주한 동안 슬그머니 일어나는 일이다."

우리가 아무리 촘촘하게 계획을 세우고 아무리 열심히 살아도 예상치 못한 일이 터지는 것이 바로 인생이다. 어차피 한 치 앞도 알 수 없는 인생, 가끔은 모든 것을 내려놓고 피곤한 나 자신에게 휴식을 선물하자.

천천히 내 영혼과 보조를 맞춰라

물은 너무 많이 따르면 넘치고, 활은 너무 세게 잡아당기면 부러진다. 이 간단한 이치를 잊은 채 우리는 마치 고속도로 위를 달리는 자동차처럼 인생을 정신없이 몰아간다. 그러다 어느 순간 문득 멈춰 섰을 때, 그제야 가장 중요한 한 가지를 챙기지 못했다는 사실을 알게 된다. 그것은 바로 자신의 영혼이다. 우리는 이성을 단련시키는 데 많은 시간을 들이면서도 정작 영혼을 돌보고 들여다보는 것에는 인색하다. 그리고 어느 깊은 밤, 적막한 외로움이 뜬금없이 찾아오면 그제야 자신의 영혼이 삭막할 정도로 메말라 있음을 깨닫는다.

자기 자신을 돌아볼 새도 없이 바쁘게 살아가는 동안 우리의 영혼은 점점 무뎌진다. 이를 막으려면 때로는 일부러 삶의 보조를 늦추고 영혼이 따라올 때까지 기다릴 필요가 있다.《느린 것이 아름답다》의 저자 칼 오너리(Carl Honore)는 '슬로 라이프(Slow life)'란 게으른 것과 다르며, 단지 속도를 늦추는 것이라고 말했다. 또한 이를 통해 삶의 진정한 균형을 회복할 수 있다고 강조했다.

한 유럽인 탐험가가 남미로 탐험을 떠났다. 탐험 도중, 그는 험난한 열대우림을 통과하기 위해 인디언 두 명을 짐꾼 겸 가이드로 고용했다. 일정은 비교적 순조롭게 흘러갔다. 그런데 나흘째 되던 날, 조금만 더 가면 열대우림을 벗어날 수 있는 상황에서 갑자기 인디언들이 모두 걸음을 멈추더니 더 이상 움직이기를 거부했다.

탐험가는 그들이 돈을 더 받기 위해 수를 쓰는 것이라고 생각했다. 그는 불쾌했지만 어쩔 수 없이 돈을 더 줄 테니 어서 가자고 말했다. 그러나 인디언들은 듣는 둥 마는 둥, 그저 한자리에 꼼짝하지 않고 서 있기만 했다. 답답해진 탐험가가 따지듯 물었다.

"대체 왜 안 가는 거요?"

인디언들이 입을 모아 대답했다.

"기다리는 중입니다."

"기다리다니, 누굴 말이오?"

"영혼이요. 여기까지 너무 빠르게 걸어오느라 우리의 영혼이 뒤처지고 말았습니다. 영혼이 우리를 따라잡을 때까지 적어도 하루는 기다려야 합니다."

3일 동안 열심히 걷던 인디언들이 걸음을 멈춘 이유는 자신들의 영혼을 기다리기 위함이었다. 우리도 자신에게 물어보자. 정신없이 돌아가는 사회의 톱니바퀴에 끼어 온갖 스트레스를 감내하며 돈과 명예, 지위를 향해 앞만 보고 달려오는 동안 우리의 영혼 역시 저 멀리 뒤처진 것은 아닐까?

생계를 위해 발바닥에 땀이 나도록 뛰어다닐 때, 한 푼이라도 더 벌기 위해 사무실에서 밤을 지새울 때, 혹은 자신의 명예를 위해 고군분투할 때…… 어쩌면 우리는 아주 소중한 무언가를 잃어버리고 있는지도 모른다. 어쩌면 영혼이 따라오지 못할 만큼 빠른 걸음으로 의미 없는 맹목적 경주를 벌이고 있는지도 모른다.

한 남자가 정신과 상담을 받기로 결정했다. 회사에서 고위직 임원으로 일하면서 오랫동안 스트레스에 시달리다 한계가 왔기 때문이다. 의사는 그에게 세 개의 약봉투를 건네주었다.

"내일 아침 일찍 조용하고 한적한 해변으로 가십시오. 그리고 오전 아홉 시, 정오, 오후 세 시에 맞춰 이 약봉투를 하나씩 열어보시기 바랍니다."

다음 날, 한적한 해변으로 간 남자는 아홉 시 정각이 되자마자 첫 번째 봉투를 열었다. 그 안에는 이런 쪽지가 들어 있었다.

'휴대전화를 비롯한 모든 통신 기기의 전원을 끄고 조용히 귀 기울여보시오.'

남자는 휴대전화를 끄고 눈을 감은 뒤 가만히 귀를 기울였다. 그러자 자신을 둘러싸고 있는 세상의 소리가 차츰 들려오기 시작했다. 파도가 밀려와 모래사장 위에 부서지는 소리, 멀리서 갈매기가 우는 소리, 시원한 바람 소리 등 듣고 있기만 해도 마음이 편안해지는 아름다운 소리들이었다.

열두 시 정각, 남자는 두 번째 봉투를 열었다. 역시 쪽지가 나왔다.

'가장 행복했던 때를 떠올려보시오.'

남자가 제일 먼저 떠올린 것은 어린 시절이었다. 배꼽친구들과 해가 저물 때까지 신 나게 놀던 기억이 그를 웃음 짓게 했다. 다음으로는 사랑하는 여인과 산책하던 때가 떠올랐다. 이미 오래전에 잊힌 줄 알았던 수많은 기억과 추억이 바로 어제 일처럼 생생하게 살아났다. 이 행복한 기억들을 어떻게 까맣게 잊고 살았는지 이상할 정도였다.

오후 세 시가 되었다. 남자는 마지막 봉투를 열었다.

'자신이 왜 마음이 상했는지, 어떤 동기가 있었는지, 무엇 때문에 늘 바빴는지, 대체 무엇을 위해 살아가고 있는지 생각해보시오.'

남자의 뇌리에 며칠 전에 있었던 일이 떠올랐다. 동료와 함께 작업하는 프로젝트가 있는데, 상사가 회의 시간에 동료만 칭찬하고 그에 대해서는 아무런 언급도 하지 않아서 꽤 오랫동안 마음이 불편했던 것이다. 그런가 하면 지난 달에 갔던 동창회에서는 동기들이 자신보다 훨씬 비싸고 좋은 차를 몰고 와서 며칠 동안 우울하기도 했다.

하지만 조용한 해변에 홀로 앉아 곰곰이 생각하다 보니 그 모든 것이 하찮고 부질없게 느껴졌다. 과연 상사의 칭찬 한마디나 좋은 차를 타는 것이 인생에서 궁극적으로 중요한 일일까? 남자는 문득 머리가 맑아지는 것을 느꼈다. 어쩌면 자신이 그토록 힘들고 피곤할 수밖에 없었던 이유는 결국 자신의 영혼을 충분히 돌보지 않았기 때문일지도 몰랐다.

　사람은 누구나 죽기 전에 무언가를 이루고 싶어 한다. 그래서 인생의 매 순간을 투쟁하듯 살아간다. 처음에는 생존을 위해, 다음에는 좀더 나은 생활을 위해, 그다음 권력과 명성을 위해 끊임없이 자신의 수준을 높여간다. 그러다 세월이 흐르고 나이가 들면 그때부터는 늙는것에 대한 공포에 휩싸여 하루하루를 불안하게 보낸다. 위 이야기 속주인공처럼 스스로 엘리트라는 함정에 빠져 자신의 영혼을 돌아볼생각조차 못한 채 인생을 흘려보내는 것이다.

　가끔은 삶의 모든 것을 심각하지 않게, 좀 더 가볍게 대할 필요가있다. 걸음을 늦추고 자신을 옭아매고 있는 욕심의 굴레를 벗어던져라. 그런 뒤 영혼이 나 자신을 따라올 수 있도록 차분히 기다리자.

▼

Happiness Studies at Harvard

"행복은 죽을힘을 다해 산 정상을 정복하는 것도, 산 아래에서 우왕좌왕 헤매는 것도 아니다. 정상을 향해 가는 과정에서 얻을 수 있는 모든 경험과 느낌이 바로 행복의 본질이다."

영혼은 우리 생명의 근원이기에 영혼을 놓치면 생명 없는 인생이 되어버린다. 바쁘기만 한 생활 속에서 느끼는 행복은 진짜 행복이 아니다. 속도를 늦추고 자신의 영혼과 보조를 맞춰 걷는 데서 진정한 행복이 피어난다.

단순하면 행복해진다

담백하고 평화로운 생활은 행복감을 선사한다. 그러나 갈수록 화려하고 번잡해지는 요즘 간소하고 담박한 삶 자체가 이미 꿈같은 이야기가 되어버렸다. 사람들은 스스로 많은 짐을 짊어질 뿐만 아니라 그 짐을 내려놓을 여유도, 심지어 내려놓고자 하는 마음도 없다.

인생은 단순할수록 행복하다. 왜냐하면 행복은 안정된 마음에서부터 시작되기 때문이다. 단순한 인생에는 여러 가지를 복잡하게 계산할 일도, 매일을 피곤에 절어 쓰러질 일도, 온갖 걱정과 의심에 밤을 지새우거나 인상을 찌푸릴 일도 많지 않다. 그래서 단순하게 사는 사람은 늘 편안하고 침착하며, 긍정적이고 태연하다.

미국 문학가 헨리 소로(Henry David Thoreau)는 말했다.

"소위 화려하고 편안한 생활은 대부분 불필요할 뿐만 아니라 오히려 인류의 발전을 저해한다. 그렇기 때문에 지식인이라면 가난한 이보다도 더 소박하고 단순하게 살아야 한다. 소박하고 단순한 삶이야말로 물질과 생명의 본질 사이의 장벽을 없애는 힘이 있다."

또한 그는 월든 호숫가의 작은 오두막에서 2년간 생활하며 느끼고 깨달은 것을 바탕으로 세상을 향해 이렇게 충고했다.

"사람은 자신의 두 손에 의지해 살아갈 수 있어야 한다. 원하기만 한다면 누구나 가장 단순하게 살 수 있다."

그런가 하면 소크라테스는 "우리가 필요로 하는 것이 적어질수록 신에게 더욱 가까워진다"라고 했다. 어쩌면 단순한 삶이야말로 우리가 진정으로 추구하는 '정신적 경지' 아닐까?

현대인은 너무 바쁘다. 집 때문에, 차 때문에, 자녀 때문에, 그리고 무엇보다도 중요한 '체면' 때문에 바쁘다. 긴장된 생활 속에 웃음은 점차 사라지고 마음은 마른풀처럼 메말라가는데도 자신을 몰아세우기를 멈추지 못한다. 바쁘게 살지 않으면 불안하기 때문이다. 남에게 뒤처질까 봐, 경쟁이 치열한 사회에서 도태될까 봐 두려운 것이다. 그래서 여유롭고 단순한 삶이 훨씬 좋다는 것을 알고, 또 그런 삶을 바라면서도 끊임없이 돌아가는 쳇바퀴에서 빠져나오지 못한다.

소크라테스가 제자들에게 말했다.

"사치스런 생활을 좇다 보면 어느새 행복은 더욱 멀어진다. 행복한 삶은 대부분 매우 단순하다. 사실, 마음 편히 쉴 방 한 칸만 있으면 된다. 반드시 필요한 물건은 하나면 족하고, 쓸데없는 물건은 하나라도 많다. 사람됨으로는 자족할 줄 알아야 하고, 일할 때는 부족함을 알아야 하며, 학문을 익힐 때는 절대 만족하지 말아야 한다. 모든 일을 억지로 몰아가지 말고 단순할수록 좋다는 사실을 기억하라."

욕심을 줄이고 현재에 만족하며 허세를 버리고 진실한 삶을 추구하는 것, 부정적인 면보다는 긍정적인 면을 생각하고 되도록 느리고 여유롭게 사는 것! 이는 단순한 생활이 추구하는 바다. 게다가 물질적, 외적으로 소박하고 간소한 생활은 오히려 내면세계에 풍성함을 더해준다. 반대로 더 많이 바라고 더 많이 짊어질수록 인생의 고민과 근심은 더욱 깊어진다.

행복은 산비탈에 소담하게 핀 야생화다. 그것은 높다란 담장에 둘러싸여 있지도 않고, 돈을 지불해야만 볼 수 있는 것도 아니다. 누구든 깨끗하고 맑은 눈과 마음만 있으면 그 꽃의 아름다움을 얼마든지 즐길 수 있다.

▼

Happiness Studies at Harvard

행복지수가 가장 높은 나라인 부탄의 석학 카르마 우라(Karma Ura)는 말했다.
"어쩌면 진정한 행복은 숫자로 측량할 수 없을지도 모릅니다. 왜냐하면 가장 구체적인 행복의 정답들은 종종 가장 불명확하고 실체가 모호한 이유에서 비롯되기 때문이지요. 그럼에도 저는 부탄이 단순한 신앙과 전통문화를 고수해온 덕에 지금처럼 행복한 것이라고 믿습니다."

분에 넘치는 것은 깔끔히 포기하라

영화 〈와호장룡〉에 이런 대사가 나온다.

"네가 두 손을 꽉 쥐면 그 안에는 아무것도 없을 것이다. 그러나 만약 두 손을 활짝 편다면 세상이 너의 손 안에 있을 것이다."

세상에는 온통 수많은 유혹이 넘쳐난다. 돈, 명예, 권력, 지위……. 그 유혹들의 손짓을 받으며 인간은 더 많이 얻고 더 많이 움켜쥐기 위해 인생을 몰아간다. 그런데 희한하게도 욕심은 아무리 채워넣어도 항상 더 많은 것을 바라게 만든다.

가끔은 이미 가진 것조차 부담스러울 때도 있다. 심지어 움켜쥐고 있는 것이 너무 많아서 정작 중요하고 좋은 기회가 다가와도 놓치기도 한다. 이런 상황이라면 오히려 포기하는 것이 지혜롭다. 포기할 줄 모르는 사람은 결국 아무것도 얻지 못한다.

여기서 말하는 포기란 어려움이 닥치면 무조건 도망가는 그런 종류의 것이 아니다. 그보다는 안개 속에서도 옥석을 가려내는 안목을 갖추는 것에 가깝다. 포기하지 말아야 할 때 포기하는 것은 무능한 선택이지만, 반대로 포기해야 할 때 포기하지 않는 것은 세상에서 가장 어리석은 짓이다. 충실한 인생, 후회 없는 인생을 살고 싶다면 적절할 때에 포기할 줄 아는 지혜가 반드시 있어야 한다.

세 명의 장사꾼이 바다를 건너 먼 나라로 황금을 캐러 갔다. 10년 후, 세 사람은 저마다 가방 한가득 황금을 싣고 의기양양하게 고향으로 가는 뱃길에 올랐다.

그런데 불행히도 도중에 큰 풍랑을 만나 배가 좌초되고 말았다. 배가 가라앉기 전, 첫 번째 장사꾼은 황금이 든 가방을 꼭 붙든 채 끝까지 놓지 않았고 결국 가방과 함께 깊이 가라앉았다. 두 번째 장사꾼은 일부만이라도 건사하기 위해 주머니에 황금 덩어리 몇 개를 쑤셔넣었다. 하지만 그 탓에 몸이 무거워져 큰 파도가 몰려왔을 때 잡고 있던 판자를 놓치고 바다에 빠지고 말았다. 세 번째 장사꾼은 나머지 두 사람과 달리 배가 부서지자마자 미련 없이 금이 든 가방을 포기했다. 그리고 판자를 붙들고 열심히 헤엄을 쳐 위험에서 벗어났다. 풍랑이 잠잠해진 후, 유일한 생존자인 세 번째 장사꾼은 배가 좌초된 곳으로 돌아가 바다에 가라앉은 금을 모두 건져냈다. 세 사람분의 황금을 독차지하게 된 것이다.

눈앞의 작은 이익 때문에 생명을 위태롭게 하지 말라. 상황에 따라

서는 포기하고 놓아버리는 편이 오히려 더 많은 것을 얻는 유일한 방법이다. 괴테는 '생명의 비밀은 생존을 위해 생존을 포기하는 것'이라고 했다. 그런가 하면 중국 산문작가 룽잉타이(龍應臺)는 "차에 탔다면 그 차에서 내릴 용기도 있어야 한다"고 말했다. 포기는 융통성 있는 자각이자 먼 미래까지 내다보는 지혜다. 어차피 인생은 누구에게나 한 번뿐이다. 한 번뿐인 인생을 온갖 것을 움켜쥐느라 피곤하게 산다면 너무 억울하지 않겠는가. 불필요한 욕심과 목표를 포기하고, 어깨를 짓누르는 짐을 내려놓자. 그리고 인생의 흐름에 순응하며 사는 것이다. 적게 버리면 적게 얻고, 많이 버리면 많이 얻으며, 아예 버리지 않으면 아무것도 얻지 못한다.

진정한 평화와 안정을 얻고 싶다면 탐욕을 이길 줄 알아야 하고, 평생 명예롭게 살고 싶다면 눈앞의 허영을 포기할 줄 알아야 한다. 어떤 일들은 당장 포기하기가 쉽지 않지만 오히려 포기함으로써 차후에 더 큰 이득을 얻을 수 있다. 그래서 포기할 줄 아는 지혜를 가진 사람은 이 세상을 훨씬 순조롭고 융통성 있게 살아간다.

포기한다고 해서 반드시 우유부단한 것은 아니며, 의지가 약한 것도 아니다. 길이 막혔을 때는 돌아가야 하듯, 상황에 따라서는 포기가 유일한 답이 되기도 한다.

어느 부자가 임종 직전, 두 아들에게 열쇠 한 개를 주며 말했다.

"내가 일평생 모은 재산 전부를 이 열쇠로 열 수 있는 상자 안에 넣어두었다. 하지만 너희 중 한 명에게만 열쇠를 줄 수 있겠구나. 그러니 너희가 결정하거라. 단, 이 열쇠를 받는 사람은 우리 집안과 회사의 모든 책임을 져야 하며 나의 뜻에 따라 내 방식대로 살아야 한다. 하지만 열쇠를 선택하지 않는 사람은 남은 인생을 자신이 원하는 대로, 자신의 뜻과 방식에 따라 살 수 있다."

큰아들은 열쇠를 바라보며 속으로 중얼거렸다.

'저 열쇠를 받는다면 비록 자유는 잃어버려도 평생 고생하지 않고 살 수 있겠지? 그래, 바깥세상이 아무리 멋지고 신난다고 해도 사람 일은 모르는 거잖아. 혹시나 큰 사고라도 당하면 어쩌겠어?'

작은아들도 깊은 생각에 잠겼다.

'저 재산을 받아들이는 순간 나는 자유를 잃는다. 나의 생각과 주장대로 살지 못하는 인생에 과연 무슨 의미가 있을까?'

결국 작은아들이 먼저 입을 열었다.

"열쇠는 형님이 받으십시오. 그걸 원하신다면요."

안 그래도 열쇠를 갖는 쪽으로 생각이 기울었던 큰아들은 흔쾌히 동생의 제안을 받아들였다.

그 후로 수년이 흘렀다. 큰아들은 안락하고 부유한 생활에 지나치게 안주한 나머지 처음의 원대한 포부를 완전히 잃고는 술과 향락에 빠졌다. 게다가 아버지의 뜻과 방식을 저버리고 제멋대로 방만하게 회사를 운영했다. 그 결과, 회사는 부도가 났으며 큰아들도 파산하고 말았다.

작은아들은 아버지가 돌아가신 후 곧장 시골로 이사를 갔다. 그곳에서 그는 비록 풍요롭지는 않았지만 자연과 더불어 살며 온전히 자신의 뜻에 따라 자기가 좋아하는 일에 몰두했다. 그리고 마침내 훌륭한 화가가 되었다.

소로는 말했다.

"원만하고 후회 없는 인생을 살고 싶다면 반드시 있어야 할 것, 있어도 되고 없어도 되는 것, 반드시 버려야 할 것을 구별할 줄 알아야 한다."

유한한 인생에서 최고의 목표를 이루려면 쓸데없는 짐들은 모두 포기하고 버려야 한다. 그래야 한결 가벼운 걸음으로 목표를 향해 갈 수 있다. 포기는 인생을 살아가는 태도 중 하나이며, 일종의 철학이기도 하다. 헛된 영화와 허영에 미련을 두지 말고 세상 권세와 물질에 얽매이지 말자. 이 모든 것은 언젠가 연기처럼 사라질 것에 불과하다.

나를 모욕한 사람을 향한 원망과 물질에 대한 집착을 버려라. 허영에 묶인 자기 자신을 버리고, 권력을 갈망하는 욕심을 버려라. 행복의 비결은 간단하다. 적게 가지면 된다. 자신을 짓누르던 짐들을 버리고 한 발짝 뒤로 물러서면 더 넓은 세상이 열릴 것이다.

▼

전혀 소망이 없을 때나 아무 결실도 얻지 못할 것이 확실할 때는 포기할 줄 알아야 한다. 부차적인 것, 지엽적인 것, 넘치는 것도 과감히 포기해야 한다. 그래야 단순하고도 명료한 행복의 진실에 한 걸음 더 다가갈 수 있다.

일을 진심으로 사랑하라

샤하르는 일을 세 종류로 구분했다. 생계를 위한 일, 성공하기 위한 일, 사명으로서의 일이다. 그리고 일 자체는 삶이 준 선물이라고 말했다.

'일'은 분명 우리가 감사해야 할 대상이다. 일은 생존에 필요한 기본적 조건을 갖출 수 있게 해주기 때문이다. 그래서 일은 우리에게 주어진 가장 좋은 선물이다.

한 늙은 거지가 하릴없이 들판 한가운데 드러누워 햇볕을 쬐고 있었다. 그런데 마침 그곳에 신이 나타났다. 거지는 기회를 놓칠세라 신 앞에 엎드려 자신의 소원을 세 가지만 들어달라고 간청했다. 신이 알았다고 하자, 거지는 신이 난 목소리로 첫 번째 소원을 말했다.

"저를 부자로 만들어주십시오!"

신이 고개를 끄덕이며 손을 흔들었다. 그러자 눈 깜짝할 사이에 거지는 엄청난 부자가 됐다.

거지가 곧이어 두 번째 소원을 말했다.

"저를 다시 젊어지게 해주십시오. 젊지 않으면 아무리 돈이 많아도 제대로 즐기질 못하니까요!"

신은 이번에도 그의 소원을 들어주었다. 20대 청년이 된 거지는 기뻐서 펄쩍펄쩍 뛰었다.

그는 마지막 소원을 말했다.

"제 마지막 소원은 평생 일하지 않고 사는 것입니다!"

신이 고개를 끄덕였다. 그 즉시, 거지는 다시 돈 한 푼 없는 늙은 거지가 되어 길가에 앉아 있었다.

"아니, 이게 어떻게 된 일입니까? 내가 왜 다시 빈털터리가 된 것입니까?"

신이 말했다.

"일은 내가 너에게 줄 수 있는 가장 큰 축복이다. 그런데 너는 방금 그 축복을 버리지 않았느냐? 그러니 빈털터리가 될 수밖에!"

아버지가 이제 막 사회에 첫발을 딛는 아들에게 충고했다.

"첫 번째 직장에서 좋은 사장을 만나고 급여도 많이 받게 된다면 인생이 네게 준 행운이라고 생각하고 감사히 열심히 일해라. 혹시 급여가 적고 사장도 좋은 사람이 아니라면 일을 너 자신의 단련 기회로 삼고 더욱더 열심히 일하거라."

이 얼마나 슬기로운 충고인가! 그는 아들에게 대우나 환경에 상관없이 일 자체를 자신에게 주어진 가장 좋은 선물로 보는 방법을 가르쳐주었다. 일할 때는 겸허한 마음가짐으로 모든 것에 감사하는 법을 배워야 한다. 업무 환경에 감사하고 상사에게 감사하며, 자신에게 주어진 모든 기회에 감사하고, 일을 통해 생계를 이어가고 또 자신을 단련할 수 있음에 감사해야 한다. 그래야 성공에 이르는 자질을 갖출 수 있다.

그런데 많은 사람이 일하기를 싫어한다. 마음속에서 일을 이미 '고생스러운 것, 고단한 것'으로 단정하기 때문이다. 하지만 매일 아무 것도 하지 않고 할 일 없이 보낸다고 상상해보자. 이 얼마나 무료하고 답답하겠는가! 사람은 일을 할 때 비로소 삶의 활력을 얻는다.

그녀는 마이크로소프트에 고용된 임시 청소부였다. 수백 명의 직원 중에서 그녀는 학력이 제일 낮고, 제일 고된 일을 하며, 가장 적은 월급을 받았다. 하지만 그녀만큼 행복하게 일하는 사람도 없었다.

그녀는 매 순간 기쁜 마음으로 일했다. 항상 웃는 낯으로 사람을 대했으며 누가 어떤 부탁을 하면 그것이 자신의 일이 아니더라도 기꺼이 도와주었다. 열정적인 그녀의 모습은 다른 직원에게까지 영향을 미쳤고, 곧 그녀를 좋아하는 사람들이 점점 늘어났다. 그녀의 이야기는 빌 게이츠의 귀에까지 들어갔다. 호기심이 생긴 게이츠는 그녀를 불러 물었다.

"매일 그렇게 기뻐하고 행복해하는 이유가 무엇입니까?"

그러자 그녀는 활짝 웃으며 말했다.

"이 일을 정말 좋아하기 때문이죠! 저는 아는 것도 없고 학력도 낮습니다. 하지만 회사는 그런 저에게 일할 기회를 주었고, 자식들을 대학에 보낼 수 있을 만큼 월급도 충분히 주었답니다. 얼마나 감사한지요! 제가 회사에 보답할 방법은 최선을 다해 열심히 일하는 것뿐이었어요. 이런 것을 생각하면 저절로 신이 난답니다."

일을 진심으로 사랑할 때, 그것은 노동에서 오락으로 바뀐다. 그러나 일을 어쩔 수 없는 부담으로 생각하면 그것은 무거운 짐처럼 고통스럽다. 일을 전혀 하지 않고 살 수 있는 사람은 없다. 어차피 해야 하는 일이 우리에게 아무런 기쁨도 주지 못하고 단조롭게 반복되는 업보가 된다면 삶은 온통 지루함과 괴로움으로 가득 찰 것이다.

일이 업보가 아니라 선물로 보이는 순간, 일 자체가 소중해질 뿐만 아니라 그것을 통해 행복을 얻게 된다. 일을 선물로 바꾸는 것은 바로 자신의 마음가짐이라는 사실을 잊지 말자.

▼

일은 신이 우리에게 준 최고의 축복이다. 일을 함으로써 생존하고 생계를 유지하며 기쁨을 얻을 수 있기 때문이다. 그러니 일을 조금만 더 긍정적인 태도로 바라보면 어떨까?

---★---

일을 통해 인생의 참 재미를 찾아라

---★---

미국의 석유왕 록펠러는 아들에게 보내는 편지에 이렇게 썼다.

'사랑하는 아들아, 만약 네가 일을 기쁨으로 생각한다면 네 인생은 천국과 같을 것이다. 그러나 만약 일을 의무로 생각한다면 인생은 곧 지옥이 될 것이다.'

똑같은 일, 똑같은 직장이어도 어떤 마음가짐으로 대하느냐에 따라 결과는 천지 차이다. 어떤 사람은 일을 지겨워한다. 이들은 항상 쳇바퀴 도는 반복되는 일상에, 업무는 해도 해도 끝이 없고, 늘 자존심 상하는 일만 생긴다며 투덜댄다. 게다가 상사는 괜한 트집을 잡고 동료는 이기적이라고 생각하니 일이 즐거울 리 없다.

반면, 어떤 사람은 일하러 갈 때부터 콧노래를 부른다. 동료들과도 즐겁게 인사를 나누고, 혹시 업무상 비난을 받아도 오히려 고마워한다. 자신의 잘못을 바로잡을 공짜 레슨을 받았다고 생각하기 때문이다. 록펠러의 말처럼 이들에게는 일하는 것이 기쁨이다.

일은 신이 우리에게 준 특별한 선물이며 선택받은 자만이 누릴 수 있는 권리다. 이 사실을 받아들이고 인정하는 순간, 일을 대하는 우리의 마음가짐에 커다란 변화가 생기기 시작한다.

아나운서로서 라디오 방송국에 갓 입사한 안나가 맡은 일은 프로그램 소개와 표준 시보 알림이었다. 처음에는 안나도 열정을 가지고 일했다. 그러나 단순한 업무를 하루에도 몇 번씩 똑같이 반복하다 보니 어느새 조금씩 지쳐갔다. 거기에 동료들과 잘 어울리지도 못하면서 일이 점점 더 힘들고 부담스러워졌다.

그러던 어느 날, 반짝이는 아이디어가 그녀의 뇌리를 스쳤다.

'틀에 박은 듯한 멘트에 나만의 개성을 실어보면 어떨까? 비록 다른 사람이 쓴 원고이지만 나의 마음을 담아볼 수 있지 않을까?'

자신의 업무를 꼼꼼히 점검해본 안나는 저녁 시간대의 프로그램을 소개하기 전 약 10초 정도를 마음대로 쓸 수 있다는 사실을 발견했다. 그날 이후, 안나는 그 10초를 적극적으로 사용하기 시작했다.

"어제 저녁 뉴욕에는 바람이 많이 불었습니다."

"오늘은 눈이 많이 와서인지 바깥 풍경이 매우 아름답네요."

"국립공원에는 벌써 단풍이 한창입니다."

10초는 비록 짧은 시간이었지만 일에 대한 안나의 마음가짐을 바꿔놓기에 충분했다. 하루에 한마디뿐이었지만 오늘은 또 어떤 말을 할지 생각하는 동안에 일 자체가 즐거워진 것이다.

그녀는 조금씩 예전의 명랑함을 되찾았다. 주변의 친구들 역시 그녀의 변화를 매우 기쁘게 받아들였으며 응원을 아끼지 않았다. 게다가 안나의 멘트가 청취자에게 좋은 반응을 얻으면서 방송국에서도 그녀의 노력을 인정하고 좀 더 중요한 일을 맡기기로 했다. 곧 안나는 뉴스 진행자로 발탁되었다.

샤하르는 세상의 명예와 이익에 대한 편견을 벗어난다면 행복은 모두에게 평등하다고 말했다. 또한 '일에 대한 선입견'을 바꿀 것을 제안했는데, 이는 '일과 고통을 하나로 생각하는 나쁜 습관'이 일에서 얻을 행복감에 심각한 악영향을 끼치기 때문이라는 것이다. 일을 책임이 아니라 특권으로 생각한다면 우리는 더욱 행복해질 뿐만 아니라 일에서도 더 좋은 성과를 낼 수 있다.

행복은 마음가짐에 따라 결정된다. 지금 일 때문에 힘들고 괴롭다지만 어느 날 갑자기 이 '특권'을 빼앗긴다면 어떻겠는가? 자신을 힘들게 하던 '일'이 사라졌으니 행복할까? 지금 당장 아무 일도 하지 못하고 있는 사람에게 일하지 않으니 행복하냐고 묻는다면 과연 행복하다고 답할까? 아마 그렇지 않을 것이다. 때로 어떤 것은 잃어버리고 나서야 그 가치를 깨닫는다. 일도 그중 하나다.

한 청년이 산을 오르다가 등산로 계단을 청소하고 있는 노인을 만났다. 깡마른 노인은 이미 일흔 살이 넘었지만 여전히 매일 등산로를 청소하고 있다고 했다. 청년은 자신이 지금까지 올라온 계단과 산 정상으로 이어지는 계단을 번갈아 바라봤다. 위아래로 족히 1,600개가 넘는 계단이 죽 이어져 있었다. 워낙 가파르고 험해서 오르다가 중도에 포기하는 사람이 절반을 넘을 정도로 악명 높은 계단이었다. 청년은 믿을 수 없다는 듯 물었다.

"이 계단을 매일 청소하신다고요? 굉장히 힘드실 텐데요!"

하지만 노인은 별것 아니라는 듯 대답했다.

"그렇지도 않다네. 아침에 올라가면서 한 번, 저녁에 내려오면서 한 번 쓸면 그만인걸. 계단을 쓸다가 피곤하면 잠시 쉬기도 하고, 그러면서 멋진 풍경도 구경하는 게지. 이렇게 쉬엄쉬엄 일하는데 힘들게 뭐 있겠는가?"

청년이 깜짝 놀란 표정을 짓자 노인은 미소를 지으며 말했다.

"사실, 나는 진즉 퇴직해서 고향으로 돌아갔어야 했네. 하지만 아직도 이곳에 남아 일하고 있지. 아쉬운 점은 없다네. 매일 맑은 계곡물을 마시고 직접 기른 채소를 먹으며 신선한 공기를 들이쉴 수 있으니까. 게다가 꽃과 새가 친구가 되어주니 더더욱 아쉬울 것이 없지!"

계단을 청소하는 노인이 고된 일을 하면서도 늘 편안하고 쾌활할 수 있었던 이유는 자신의 일을 단조롭고 힘든 것으로 보지 않고 다른 사람은 가지지 못한, 자신에게만 주어진 특권으로 생각했기 때문이다. 그의 말대로 맑은 계곡물, 직접 기른 채소, 신선한 공기, 사랑스러운 꽃과 새는 아무나 누릴 수 있는 권리가 아니다. 특히 우리 같은 도시인에게는 말이다.

이 세상에 존재하는 모든 일에는 저마다 특별한 의미가 있다. 다만, 우리가 스스로를 틀 안에 가두고 편협한 시각을 버리지 못했기에 보는 것마다 무의미하고 재미없어 보일 뿐이다. 그 틀을 조금만 벗어나자 일에 숨겨진 여러 즐거움과 장점을 발견할 수 있고 행복과의 거리도 한층 좁혀질 것이다.

영화 〈포레스트 검프(Forest Gump)〉에서 주인공의 어머니는 이렇게 말한다.

"인생은 초콜릿 상자와 같단다. 실제로 먹어보기 전까지는 어떤 맛이 걸릴지 아무도 몰라."

주인공 포레스트 검프는 지능이 약간 떨어진다. 아마도 어머니는 그가 인생의 행복을 향해 용감히 나아가기를 바라는 마음으로 이런 말을 한 게 아닐까?

우리는 매일 일을 하며 살아간다. 때로는 고되고 바쁜 노동에 몸과 마음이 지치기도 하고 업무상의 문제로 기분이 몹시 상하고 의욕이 사라지기도 한다. 저도 모르게 조금씩 태만해지고 불평불만이 많아지며 불공평한 상사를 욕하거나 자신보다 잘난 동료를 시기한다. 여러 이유 때문에 일에만 전념할 수 있는 마음이 사라지는 것이다.

화를 내고 인상을 찌푸려도 하루가 가고, 웃으며 즐겁게 일해도 하루가 간다. 자신의 기분이야 어쨌든 해는 똑같이 뜨고 진다. 어차피 똑같은 하루라면 우울한 기분으로 사는 것이 오히려 손해다. 그러니 오늘 하루 긍정적인 마음으로 일을 시작해보자. 같은 환경과 상황일지라도 마음가짐에 따라 전혀 다른 결과가 빚어지기 때문이다. 이것이 바로 인생의 묘미다.

미국 기자가 멕시코의 한 원주민 마을을 취재하러 갔다. 그가 가장 먼저 들른 곳은 마을 시장이었다. 그곳에서 원주민들은 직접 생산한 물건을 가져와 장사하고 있었다.

그중 망고를 파는 할머니가 기자의 눈길을 끌었다. 망고 한 개에 미국 돈으로 겨우 5센트만 받는데도 오전 내내 몇 개밖에 팔지 못했기 때문이다. 게다가 날씨는 또 얼마나 더운지, 나이 많은 노인이 뙤약볕을 받으며 힘들게 장사하는 모습을 보자 절로 동정심이 생겼다. 결국 기자는 자신이 나서서 할머니의 망고를 전부 사들이기로 했다. 하지만 막상 기자가 망고를 다 사겠다고 말했을 때, 할머니는 기뻐하기는 커녕 의아한 얼굴로 이렇게 말했다.

"이걸 당신한테 다 팔라고요? 그럼 나는 오후에 뭘 하라고요?"

인생을 누릴 줄 아는 사람은 어려운 상황에서도 기쁘고 긍정적인 마음을 잃지 않는다. 일에서도 마찬가지다. 사소한 불평불만으로 일에 대한 열정을 놓치지도 말고, 짜증과 초조함에 휩쓸려 하루의 기분까지 망치지도 말라. 일에서 당신이 좋아하는 '초콜릿'을 찾는다면 일 자체에서 즐거움을 느끼고 더 나아가 인생의 참 재미를 찾게 될 것이다.

일은 먹기는 귀찮고 버리기는 아까운 계륵이 아니다. 기꺼운 마음으로 하지 않는다면 아무리 대단한 일을 한다 해도 자신에게는 전혀 도움이 되지 않는다. 사람 대부분은 일생의 많은 시간을 일하며 보낸다. 어차피 해야 할 일이라면 그 속에서 즐거움과 행복을 찾아야 하지 않을까? 어쩌면 바로 여기에 행복한 인생을 사는 비결이 숨어 있는지도 모른다.

▼

다음은 마이크로소프트의 인재 채용 담당자의 말이다.

"우리가 원하는 인재상은 열정적인 사람입니다. 그래서 면접을 볼 때 회사에 대한 열정, 기술에 대한 열정, 그리고 일 자체에 대한 열정을 보지요. 실제로 열정은 생각지도 못한 성과를 거두게 해줍니다."

권태기에서 벗어나는 세 가지 비법

세상만사에는 정도가 있어야 한다. 이는 심리학자들도 인정하는 바다. 아무리 듣기 좋은 말도 삼세번이면 족하다. 아무리 아름다운 물건도 자주 보자면 그 감흥이 떨어지게 마련이다. 처음에는 단물이 가득했던 사탕수수도 계속 씹다 보면 어느새 단물은 다 빠지고 질긴 껍질만 남는다. 달고 맛있던 사과도 자꾸 먹다 보면 어느새 더 이상 보기도 싫을 만큼 질리게 마련이다. 생활 속 '한계효용 체감의 법칙'이라고나 할까?

일에도 '한계효용 체감의 법칙'이 적용된다. 주변 환경도 거의 변하지 않고 매일 비슷한 업무를 하며 똑같은 사람들만 만나다 보면 '단물'이 금세 빠져버린다. 그리고 그 자리를 채우는 것은 대개 상실감을 동반한 권태감이다.

일에서 권태기에 빠진 것은 어떻게 알 수 있을까? 새로운 아이디어나 참신한 의견이 더 이상 떠오르지 않고 모든 것이 지루하게 반복되는 느낌이 든다면 이미 권태기에 빠진 것이다. 그렇다면 어떻게 해야 권태기에서 벗어나 새로운 열정과 즐거움을 찾을 수 있을까? 다음은 전문가가 추천하는 권태기 극복법이다.

첫째, '신선함'을 찾아라.

일에 대한 흥미가 약해지면 일하는 것에 매력을 느끼지 못할 뿐만 아니라 심지어 싫어질 수도 있다. 이런 경우에는 현재 자신의 환경과 업무 내용을 다른 각도에서 심사숙고함으로써 새로운 흥미 지점과 도전 과제를 찾아야 한다. 항상 하던 일도 새로운 흥미 요소가 생기면 훨씬 덜 지루하고, 새로운 도전 과제를 통해 일에 대한 열정을 다시금 불러일으킬 수도 있기 때문이다.

둘째, 일과 휴식을 적절히 안배하라.

평소 열심히 바쁘게 일하는 것도 좋지만 긴장된 생활이 계속되다 보면 결국 몸과 마음 모두 지치게 마련이다. 모든 일에서 완벽해지겠다는 욕심을 내려놓고 때때로 스스로에게 쉴 시간을 허락하자. 점심시간을 이용해 주변 공원을 잠시 산책한다든지 주말에 가까운 교외로 나가 맛있는 음식을 먹는다든지 하는 것도 좋은 휴식 방법이다.

셋째, 자기 자신을 인정하라.

일을 하자면 남의 의견에 귀를 기울일 줄 알아야 한다. 그러나 그보다 더 중요한 것은 바로 자신의 생각과 느낌을 믿고 스스로의 능력

에 자신감을 갖는 것이다. 일이 참을 수 없을 만큼 무료하고 지겨워
질 때, 자신이 지금 이 자리까지 어떻게 왔는지를 생각해보자. 결국
능력과 실력이 있었기에 현재의 위치에 다다른 것 아닌가! 이렇게 수
시로 자기 자신을 인정하고 자신감을 불어넣자. 또 하루를 살아갈 용
기가 생길 것이다.

권태기는 지나가는 과정일 뿐이다. 시기를 놓치지 않고 마음가짐
만 다르게 가진다면 이전까지는 미처 발견하지 못했던 새로운 돌파
구가 보일 것이다.

"일을 사업으로 보고 경영할 수 있는 사람만이 성공에 가까워질 것이다."
샤하르의 말처럼 일을 자신의 사업으로 생각하는 사람은 일뿐만 아니라 삶에 대해서도 늘 열
정적이다. 열정만 있다면 권태기는 없을 것이다.

하버드대
행복학
명강의 | 3강

---------- ★ ----------

돈의 노예가 되지 말라

---------- ★ ----------

어느 철학가가 말했다.

"아무리 생각해봐도 재산, 명예, 지위 또는 권력은 절대로 성공의 기준이 될 수 없다."

서른세 살 때 세계 철강업계의 강자로 자리매김한 카네기 역시 비슷한 맥락의 말을 남겼다.

"인생에는 반드시 목표가 있어야 한다. 그러나 돈을 벌겠다는 것은 가장 나쁜 목표다. 나는 사람들이 눈에 보이는 재산뿐만 아니라 눈에 보이지 않는 재산도 보고, 좁은 의미의 재물이 아니라 넓은 의미의 재물을 추구할 수 있기를 바란다."

맞는 말이다. 하지만 현실세계에서 돈을 무시하기란 사실상 불가능하다. 안타깝게도 우리가 의식하지 못하는 사이, 이미 돈은 성공 여부를 가늠하는 척도로 자리 잡았기 때문이다. 그럼에도 잊지 말아야 할 점이 한 가지 있는데, 물질이 무한정 늘어난다고 해서 반드시 행복해지는 것은 아니라는 사실이다. 물론 물질이 풍족하면 어느 정도 행복할 수 있다. 그러나 인생의 막바지에 다다랐을 때 머릿속에 떠오르는 것이 오직 돈뿐이라면 여태껏 살아온 삶이 너무 참담하지 않겠는가!

MBA 과정을 밟기 위해 미국으로 유학 온 중국인 청년이 있었다. 그는 수업이 없는 날이면 월가 근처의 한 레스토랑에서 아르바이트를 하며 생활비를 벌었다. 고단한 하루 일을 마치고 퇴근하기 전, 청년은 꼭 습관처럼 레스토랑 주방장에게 "언젠가 반드시 월가에 입성하고 말 겁니다"라고 말했다. 하지만 똑같은 일이 계속 반복되자 주방장은 점차 호기심이 생겼다. 어느 날, 주방장이 청년에게 물었다.

"월가에 입성할 거라고 장담했지? 그럼 졸업 후에 어떻게 할 생각인가?"

"전망과 장차 수입을 생각한다면 당연히 다국적기업에 들어가야겠지요."

그의 대답에 주방장이 고개를 저으며 다시 물었다.

"전망이나 월급 따위 말고 앞으로 경력을 어떻게 쌓아갈 건지 말이야. 그러니까 인생의 방향 말일세."

순간 청년은 꿀 먹은 벙어리가 되고 말았다. 그러자 주방장은 한숨을 쉬며 혼잣말처럼 중얼거렸다.

"요즘 경기가 너무 안 좋아. 계속 이렇게 가다가는 이 식당도 문을 닿을지도 모르고…… 그러면 나는 주방장을 그만두고 다시 은행으로 돌아가야 할지도 몰라."

청년은 자신의 귀를 의심했다. 아무리 봐도 요리 외에는 일자무식일 것 같은 사람이 은행으로 돌아간다니? 주방장은 차분히 설명을 시작했다.

"사실, 나는 월가의 한 은행에 다녔다네. 매일 돈만 생각하며 살았지. 하지만 어느 날엔가 완전히 지쳐버리고 말았네. 그때 생각했지. 이것이 정말로 내가 원하던 인생일까? 내가 진심으로 좋아하는 일은 무엇일까? 생각해보니 나는 어릴 때부터 요리를 즐겨했더라고. 뭐, 꽤 잘하기도 했고. 특히 친구들이 내가 만든 요리를 맛있게 먹는 모습을 보면 기뻐서 가슴이 떨릴 정도였지. 하지만 월가에서 일한 뒤로는 제대로 된 요리는커녕 새벽 두 시까지 사무실에서 일하다가 맛없는 햄버거나 쑤셔넣기 일쑤였네. 확실히 이건 내가 바라는 삶이 아니었어. 결국 나는 과감하게 은행을 때려치우고 본격적으로 요리사의 길을 걸었네. 요리사야말로 내가 가장 바라고 원하는 일이었거든."

행복이란 무엇인가? 바쁜 하루를 보내고 집으로 돌아가는 길, 우연히 코끝을 간질이는 꽃향기를 만났을 때의 기분 아닐까? 네온사인으로 번쩍이는 번화가를 벗어나 아늑한 자신의 방에서 은은한 조명을 켜고 좋아하는 책을 읽을 때의 고요함과 편안함 아닐까? 한 달 동안 열심히 일하고 월급을 받은 날, 그동안 수고한 자신을 위해 작은 선물 하나를 살 때의 만족감과 기쁨 아닐까? 어쩌면 행복은 생활 속의 사소한 부분에서 비롯되는지도 모른다. 지갑에 아무리 돈이 많아도 이런 사소한 행복을 놓치고 산다면 그 사람은 진정한 행복을 영원히 알 수 없다.

한 천재 제빵사가 있었다. 그는 어렸을 때부터 빵을 좋아했다. 그는 길을 가다가 빵 냄새를 맡으면 그 자리에 멈춰 설 정도로 빵에 심취했다. 마침내 진로를 결정할 시기가 되자 그는 잠시도 고민하지 않고 제빵사의 길을 선택했다.

그는 빵을 만들 때마다 반드시 네 가지를 준비했다. 빵을 만드는 데 필요한 밀가루나 버터 같은 최상의 재료, 티끌 하나 보이지 않을 만큼 깨끗하게 세척한 조리도구, 민첩한 여성 보조, 그의 마음에 꼭 드는 음악이 바로 그것이었다. 이 중 하나라도 빠지면 기분이 달라져서 머릿속에서 생각했던 대로 빵을 만들어내지 못했다.

그는 마치 예술 작품을 창조하듯 빵을 만들었다. 그래서 재료가 조금이라도 신선하지 않으면 노발대발했다. 단순히 이익을 좀 더 남기기 위해 좋지 않은 재료를 쓰는 것은 모독이나 다름없다고 생각했기 때문이다.

물론 그 자신도 가끔은 답답한 생각이 들기도 했다. 특히 사람들이 솜씨 없는 제빵사가 대충 만든 빵을 먹으면서도 맛있다고 할 때 더더욱 그랬다. 하지만 그렇다고 자신의 고집을 꺾을 수는 없었다. 비교적 비싼 가격과 더딘 제작 속도 때문에 장사가 잘되지 않는 날도 있었지만 개의치 않았다. 그에게 중요한 것은 돈을 많이 버는 게 아니라 자신이 만족할 만한 빵을 만드는 것이었기 때문이다.

　그런데 어느 순간 정신을 차리고 보니 그의 가게는 날마다 문전성시를 이루었다. 그의 빵 맛이 사람들에게 인정받은 것이다. 결국 그는 자신의 분야에서 최고가 되었다.

　돈이 유일한 신앙이자 목표가 되는 순간, 그것은 더 이상 우리에게 행복을 가져다주지 못한다. 애초에 우리가 열심히 일해서 버는 돈은 이상을 실현하기 위한 수단에 불과하다. 즉, 이상이 돈보다 훨씬 더 중요하다. 이 사실을 절대 잊지 말라.

▼

Happiness Studies at Harvard

"행복한 사람은 자신이 행복을 느낄 만한 의미 있고 명확한 목표를 세운다. 그리고 최선을 다해 그 목표를 추구한다. 또한 자신이 의미 있다고 여기는 방식대로 살아가며 삶 자체를 즐긴다."

돈이 주는 잠깐의 환락에 넘어가지 말라. 돈의 노예가 된 사람은 결국 불행과 동행하게 된다.

지금 정말 행복을 위해 살고 있는가?

언제부턴가 우리가 사는 세상은 돈과 욕망이 지배하는 곳이 되어 버렸다. 이 속에서 우리는 날마다 좀 더 많은 재물, 좀 더 높은 지위, 좀 더 강한 권력을 추구하며 정신없이 살아간다. 그런데 바쁜 일상이 지나간 뒤 지친 몸을 이끌고 집으로 돌아오면 문득 이런 의문이 뇌리에 스친다.

'지금 나는 행복한가? 내가 추구하는 것이 과연 나를 행복하게 해줄 수 있는가?'

하지만 의문을 갖는 것도 잠시, 날이 밝으면 또다시 헛된 욕망과 보기 좋은 허울을 좇아 바쁘게 달려간다.

행복이 인생의 궁극적인 목표라는 명제에 반론을 제기하는 사람은 거의 없다. 실제로 많은 전문가가 이 명제를 가르친다. 그러나 그들 역시 정작 살아가는 모습을 보면 행복이 아닌 다른 것을 추구할 때가 훨씬 많다. 자기 자신도 그렇게 살지 못하면서 남에게 행복을 목표로 살라고 가르치다니, 어불성설 아닌가!

어쩌면 행복은 지극히 개인적인 문제인지도 모른다. 돈 한 푼 없는 거지라도 따뜻한 기차역에서 달콤하게 잠이 드는 순간에는 그 누구보다도 행복할 수 있다. 반대로 오성급 호텔에 투숙한 부자라도 밤새 불면증에 시달린다면 그 순간만큼은 거지보다 불행하다고 할 수 있다. 그래서 행복은 자기 자신만이 알 수 있는 것이다.

이란이 낳은 위대한 시인 사디(Sadi)는 가난 때문에 어려움을 겪었지만 단 한 번도 자신의 운명을 원망하지 않았다. 어째서일까? 한때 사디는 지독한 가난 탓에 신발이 없었다. 그래서 맨발로 예배당에 가야 했다. 가면서 신발조차 신지 못하는 자신의 처지를 생각하니 세상에 자기보다 불행한 사람이 없을 것 같았다. 그러나 예배당 안에 들어선 순간, 그는 자신의 생각이 잘못되었음을 깨달았다. 그곳에서 다리가 없는 사람을 본 것이다. 그날 이후로 사디는 더 이상 가난을 원망하지 않았다.

명품 두른 타인의 모습을 봐도 부러워하지 않고, 갖고 싶어 하지도 않으며, 오늘 하루를 무사히 보내고 세 끼를 먹을 수 있는 것에 진심으로 감사할 줄 아는 사람은 마음속에서부터 우러난 진정한 행복감을 누린다. 실제로 물질적인 풍요와 편리한 생활을 누리는 도시 사람보다 소박하게 생활하는 시골 사람이 훨씬 더 행복해한다. 비록 부족한 것이 많아도 욕심을 부리지 않고 매일의 생활에 만족하고 감사할 줄 알기 때문이다.

중국의 당대문학상 수상 작가인 비수민(畢淑敏)은 저서《행복을 일깨우다(提醒幸福)》에서 행복에 대해 이렇게 썼다.

'행복은 종종 모호한 형태로 나타나서 우리를 향해 참을성 있게 단비를 뿌린다. 그러니 한꺼번에 너무 많은 행복을 바라서는 안 된다. 그랬다가는 오히려 행복이 도망가고 만다. 행복의 수도꼭지를 확 틀어서도 안 된다. 행복이 너무 빨리 흘러가버릴지도 모르기 때문이다. 서두르지 말고 고요한 마음으로 행복의 정수를 맛보라.'

▼

Happiness Studies at Harvard

버나드 쇼는 말했다.

"만약 스스로 행복한 삶을 만들지 않는다면 행복을 누릴 권리가 없다. 이는 스스로 재화를 창출하지 않으면 재화를 누릴 권리가 없는 것과 마찬가지다."

나에게 맞는 목표를 세워라

미국의 전 대통령 토마스 윌슨(Thomas Woodrow Wilson)은 말했다. "우리는 꿈이 있기에 위대해질 수 있습니다. 실제로 위인들은 모두 몽상가였습니다. 그들은 따스한 봄바람 속에서, 겨울철 따뜻한 난롯가에서 위대한 꿈을 꿨습니다. 어떤 사람은 살면서 점차 자신의 꿈을 잊어가는 반면 어떤 사람은 어려움 속에서도 꿈을 지키고 키워서 마침내 현실로 이뤄냅니다."

그렇다. 꿈을 가진 사람만이 끝까지 노력하고 분투해서 자신의 삶을 빛나고 가치 있는 것으로 만들 수 있다. 단, 지나치게 허황된 꿈과 목표는 오히려 독이 되므로 어느 정도 현실성 있고 자신의 능력 범위 내에서 이룰 수 있는 목표를 세워야 한다. 그래야 앞으로 나갈 힘과 끝까지 지속할 끈기를 얻을 수 있다. 목표라고 해서 굉장히 거창하거나 너무 먼 미래의 일을 정할 필요는 없다. 매일 아침, 설레는 마음으로 하루를 시작하게 해줄 것이라면 무엇이든 괜찮다. 그리고 그 목표를 이루기 위해 오늘 하루의 작은 목표를 세우고 하나씩 실천해간다면 언젠가 꿈꾸던 지점에 닿을 것이다.

국제육상선수권 대회에서 한 높이뛰기 선수가 마지막 도약을 준비하고 있었다. 한 번의 시기만 성공하면 금메달을 목에 걸 수 있었기에 그녀는 그 어느 때보다도 긴장되고 흥분한 상태였다. 코치는 그녀를 격려하며 외쳤다.

"힘내! 2밀리미터만 더 높이 뛰면 근사한 집을 살 수 있어!"

그녀는 힘껏 달려 날아올랐다. 그러나 안타깝게도 2밀리미터를 극복하지 못하고 금메달을 놓쳤다.

1988년 서울올림픽, 세계 다이빙 대회를 휩쓴 미국의 다이빙 황제 그렉 루가니스(Gregory Louganis)는 이번에도 금메달을 향한 마지막 다이빙을 앞두고 있었다. 하지만 그전 경기에서 머리 부상을 입은 터라 상황은 그리 낙관적이지 못했다. 그가 다이빙대로 올라가기 직전, 코치는 그에게 말했다.

"자네 어머니가 집에서 자네를 기다리고 계셔. 마지막으로 한 번만 멋지게 다이빙하면 집으로 돌아가 어머니가 직접 만드신 쿠키를 먹을 수 있네. 힘내라고!"

결과는 어떻게 됐을까? 루가니스는 부상을 딛고 심사위원들을 모두 감동시킬 만큼 멋진 다이빙을 선보이며 금메달을 손에 넣었다!

근사한 집과 어머니가 만든 쿠키, 두 명의 코치는 모두 자신의 선수를 격려하고자 하는 마음이었지만 제시된 목표는 얼핏 봐도 큰 차이가 있었다. 그리고 이러한 차이는 각각 전혀 다른 결과를 이끌어냈다. 그 원인은 현실성의 유무다. 훨씬 실현 가능하고 구체적인 목표가 금메달을 향한 집중력을 크게 향상시킨 것이다.

어떤 남자가 사과나무 아래에서 끊임없이 폴짝폴짝 뛰고 있었다. 사과나무 위쪽에 열린 사과를 따려는 것이었다. 하지만 아무리 열심히 뛰어도 사과에는 손끝조차 닿지 않았다. 지나가던 사람이 그 모습을 보고 왜 아래쪽에 있는 사과를 따지 않느냐고 물었다. 그러자 남자는 숨을 헉헉 몰아쉬며 말했다.

"위쪽 사과가 더 크고 붉잖아요. 분명히 아래쪽 사과보다 맛있을 겁니다."

목표가 지나치게 높거나 현실과 맞지 않을 때, 우리는 쓸데없이 힘과 노력을 낭비하게 된다.

1984년 도쿄국제마라톤 대회에서 전에 없던 이변이 일어났다. 야마다 혼이치(山田本一)라는 무명의 선수가 쟁쟁한 우승 후보들을 제치고 금메달을 거머쥔 것이다. 그는 인터뷰에서 자신의 승리 비결로 '머리 쓴 것'을 들었다. 하지만 당시 사람들은 그가 건방지게 허황된 소리를 늘어놓는다고 생각했다. 마라톤은 체력과 인내력, 순간적인 폭발력과 속도 등이 중요한 종목인데, 이 모든 것을 다 제쳐놓고 머리를 쓴 것이 비결이라니! 그래서 다들 그의 승리를 엄청난 우연이라고 치부했다.

그러나 2년 후, 야마다 혼이치는 이탈리아에서 열린 국제마라톤 대회에서 또다시 우승을 차지했다. 모두의 이목이 집중된 순간, 그는 똑같은 말을 반복했다.

"저는 머리를 써서 이겼습니다."

하지만 이번에도 그의 말뜻을 이해하는 사람은 아무도 없었다.

그로부터 10여 년 후, 야마다 혼이치는 자서전을 통해 드디어 비밀을 공개했다.

'매번 대회를 치르기 전, 나는 미리 차를 타고 시합 코스를 꼼꼼히 돌아봤다. 그리고 코스 주변에 눈에 띄는 지형지물을 수첩에 모두 기록한 뒤, 각각 목표 지점으로 삼았다. 첫 번째 목표 지점은 은행, 두 번째 목표 지점은 큰 나무, 그다음은 붉은색 건물……. 이런 식으로 40킬로미터가 넘는 전체 코스를 여러 개의 구간으로 세분화했다. 그리고 시합 당일에는 구간 하나 하나를 돌파한다는 기분으로 뛰었다. 처음부터 결승선을 생각하고 뛰면 금방 지치기 때문에 단기적으로 달성할 수 있는 여러 목표를 세운 것이다.'

많은 사람이 노력하다가 중도에 포기하는 이유는 처음부터 지나치게 높고 원대한 목표를 세우기 때문이다. 대개의 경우, 우리는 실패해서 포기하는 것이 아니라 성공으로 향하는 길이 너무나 멀고 힘들어서 포기한다. 지나치게 높은 목표를 세운 탓에 목표를 향하는 도중에 지쳐버리는 것이다.

목표는 반드시 손에 잡힐 듯 분명하고 실현 가능해야 한다. 겉보기에 화려하고 대단한 목표는 공수표로 끝날 공산이 크다. 구체적이고 현실적인 목표와 계획을 세워야 헤매지 않고 목적지에 이를 수 있다. '천 리 길도 한 걸음부터'라고 하지 않았던가. 처음부터 너무 많은 것을 한꺼번에 이루려고 하지 말라. 눈앞에 놓인 일부터 한 가지씩 차근차근 해나가면 된다.

행복한 사람이 되고 싶다면 자신의 능력치를 넘어서는 인생 목표를 세우지 말고, 적절한 지점에서 만족하는 법을 배워야 한다. 누구나 다 장군이 될 수는 없다. 대부분은 일개 사병에 머문다. 그렇다고 사병이 중요하지 않은 것은 아니다. 그저 각자에게 맡겨진 임무가 다를 뿐이다.

자신의 재능과 능력을 고려해서 인생 목표를 세우라. 남과 자신을 비교해가며 허황되고 그럴싸한 목표를 세우지 말라. 헛된 꿈을 좇는 것만큼 인생을 낭비하는 일도 없다.

▼

적당하고 합리적인 목표는 우리를 더 멀리, 더 오래 나아가게 한다.

---★---

하나의 목표에 집중하라

---★---

공중에서 외줄 타기를 하는 곡예사를 떠올려보자. 이들은 항상 한 줄만 탄다. 두 줄이 나란히 공중에 묶여 있어도 한 번에 한 줄만 타지, 절대 두 줄을 동시에 밟지 않는다. 두 줄을 함께 밟으면 오히려 균형 잡기가 어려워져 떨어질 위험이 크기 때문이다.

인생에서도 한 가지 일에 집중할 때 비로소 좋은 성과를 얻을 수 있다. 이 일, 저 일에 손을 대거나 목표를 여러 개 세우면 온종일 바쁘게 눈만 희번덕거리다가 아무것도 이루지 못하고 만다. 두 마리 토끼를 한꺼번에 쫓다가 결국 모두 놓치는 것이다.

영국 작가 새뮤얼 스마일스(Samuel Smiles)는 "한 가지 가치 있는 일을 추구하는 데 자신의 정력과 마음을 온전히 집중한다면 그 인생은 절대 실패하지 않는다"고 했다. 과수원의 나무에 더 좋은 열매를 맺게 하려면 불필요한 가지를 미리 쳐내야 하듯이 인생에서도 여러 일을 하느라 힘을 분산하기보다는 가장 중요한 일 한 가지에 힘을 집중해야 한다. 그래야 마지막 순간에 빈손으로 남지 않을 수 있다.

늘 열정적이고 누구보다도 근면 성실하지만 어째서인지 하는 일마다 잘되지 않는 청년이 있었다. 수차례 실패를 겪은 후, 청년은 고민 끝에 곤충학자인 파브르를 찾아가 조언을 구했다.

"저는 일에 모든 것을 쏟아부었습니다. 그렇지만 항상 실패했죠. 대체 이유가 뭘까요?"

파브르는 칭찬하는 어조로 말했다.

"보아하니 과학 분야에 헌신하기로 결심한, 아주 뜻있는 청년이 군요."

"아, 예! 저는 과학을 좋아합니다. 아주 좋아하지요. 솔직히 과학뿐만 아니라 문학, 음악, 미술 등도 매우 좋아해서 그쪽 분야에도 손을 대고 있습니다. 그래서 항상 바쁜 편이죠."

청년의 대답을 들은 파브르는 주머니에서 돋보기를 꺼내 들고 창가로 갔다. 그는 창가에 내리쬐는 햇빛을 돋보기로 종이 위 한곳에 집중시켰다. 잠시 후, 종이에서 연기가 피어오르더니 곧 불이 붙었다. 파브르가 말했다.

"보입니까? 이 돋보기처럼 당신의 노력과 열정을 한 가지에만 집중시키세요. 그러면 아마 전혀 다른 결과를 얻게 될 겁니다."

청년은 그제야 자신의 문제점을 깨달았다. 그 후, 그는 지엽적인 일들을 모두 잘라내고 오직 문학에만 정신을 집중하여 마침내 훌륭한 문학가가 되었다.

　중국의 유명 방송인인 우샤오리(吳小莉) 역시 집중의 중요성에 대해 이야기한 바 있다.

　"어떤 사람이 한 가지 일만을 중심으로 돌면 세상이 그를 중심으로 돌게 되지만, 세상을 중심으로 돌면 결국은 세상에 버림받는다."

　자신의 능력 범위 안에서 온전히 집중할 목표가 있다는 것은 계속해서 앞으로 나아갈 원동력을 가진 것과 같다. 사람은 그러한 목표가 있어야 한다. 그래야 자신의 인생에서 무언가 의미 있는 일을 성취할 수 있다.

　프랑스 화가 르두테(Pierre-Joseph Redoute)는 평생 '장미'라는 주제에 집중한 것으로 유명하다. 그는 20여 년간 강렬한 심미적 감각과 학술적, 과학적 시각이 결합된 독특한 화풍으로 170종의 장미를 기록하듯 그려냈다. 그렇게 완성된 르두테의 화집《장미》는 시대를 뛰어넘는 예술적 가치를 지녔다고 인정받았으며, 르두테 역시 '화초계의 파브르'로 칭송받았다.

　목표는 '미래'라는 사진을 위한 원판이다. 오늘의 모습은 3년 전에 세웠던 목표의 결과이며, 오늘 세운 목표가 3년 뒤 자신의 모습을 결정한다. 그러니 쓸데없는 잔가지와 불필요한 욕심을 과감히 잘라내고, 명확하고 현실적이며 자신이 가장 열중할 수 있는 한 가지 목표를 세워라. 그리고 그 목표에 힘과 노력을 온전히 집중하라. 이것이 바로 자신의 손으로 미래를 만드는 비결이다.

세계적 테너 루치아노 파바로티는 자신의 성공 비결을 '한 의자를 선택한 것'이라고 밝혔다.

"어린 시절, 제빵사였던 아버지는 항상 음악을 틀고 노래를 부르셨다. 이러한 환경 속에서 나는 자연히 노래를 좋아하고 배우게 됐다. 아버지 역시 내가 기본기를 다질 수 있도록 많은 도움을 주셨다. 하지만 그때만 해도 나에겐 하고 싶은 일이 너무나 많았다. 성악가가 꿈이긴 했지만 한편으로는 선생님도 되고 싶었고 과학에도 흥미를 느꼈다. 하고 싶은 일이 많아 고민에 빠져 있던 어느 날, 아버지가 나에게 말씀하셨다. '만약 네가 의자 두 개에 한꺼번에 앉으려고 한다면 어떻게 되겠니? 아마 그 사이로 떨어지고 말게다. 인생은 항상 네게 하나의 의자만을 선택하라고 한다. 잘 생각해보렴.' 결국 나는 심사숙고 끝에 성악가의 길을 선택했다. 그 후 7년간 성악 공부를 한 끝에 첫 번째 무대에 섰으며, 또다시 7년의 세월을 연마한 뒤 메트로폴리탄의 오페라 무대에 올랐다. 그리고 세 번째로 7년이 지났을 때, 나는 마침내 세계적인 성악가가 되었다."

'하나의 의자만을 선택'하라는 표현은 한 가지 일에 온전히 전념해야 한다는 진리를 생생하게 드러낸다. 여러 가지를 한꺼번에 선택하고 추구하기에는 인생이 너무 짧고 유한하다. 그럼에도 모든 것을 다 손에 넣고자 욕심을 부린다면 결국 아무것도 얻지 못할 것이다.

중국 용요우(用友) 소프트웨어의 왕원징(王文京) 사장은 지식으로 부를 창조해낸 대표적인 인물이다. 그는 불과 10여 년 만에 평범한 학생에서 수십억 위안의 자산가로 거듭났다. 자신의 성공 비결을 묻는 질문에 왕원징 역시 '집중'을 답으로 제시했다.

"평생 한 가지 일에 전념한 게 제 성공 비결입니다. 어떤 업계에서 두각을 드러내고 싶다면 적어도 10년은 그 일에 집중해야 합니다. 사실, 사람은 한 번에 한 가지 일만 해야 제대로 할 수 있거든요."

물고기와 곰 발바닥을 한 번에 얻을 수는 없는 법이다. 그러니 두 마리 이상의 토끼를 쫓으려는 욕심을 버리고 한 가지 목표에 집중하라!

▼

Happiness Studies at Harvard

두 가지 이상의 목표를 모두 완벽하게 이루기에는 인생이 너무 짧다. 한 번에 한 개의 의자만 선택할 때, 우리는 비로소 능력과 재능을 최대한으로 펼칠 수 있다. 지나치게 욕심을 부리면 결국 넘어지고 만다.

---- ★ ----

스텝 바이 스텝, 꿈은 이루어진다

---- ★ ----

사람이라면 누구나 평생을 통해 이루고 싶은 아름다운 꿈이 있을 것이다. 마음속 깊은 곳에 뿌리를 내리고 조금씩 자라는 그런 꿈 말이다. 그리고 누구나 그 꿈이 속히 자라나 화사한 꽃을 피워내기를 간절히 바란다. 하지만 현실은 현실이다. 조급하게 이루려고 서두르다 보면 오히려 그 꿈을 영영 잃게 될 수도 있다.

넓고 광활한 바다는 수많은 강줄기가 만나서 이뤄지고, 강줄기는 작디작은 물방울들이 합쳐져서 생겨난다. 사람들의 마음을 감동시키는 위대한 명화는 수백, 수천 번의 붓질을 통해 완성되고 좋은 여행은 다양한 순간이 쌓여 이뤄진다. 인생 역시 한 걸음씩 걸으며 남긴 발자국이 이어져서 비로소 그 모습을 드러낸다. 한 번에 한 걸음씩 나아가지 않고서 어떻게 눈부신 업적을 이루겠는가? 이렇듯 작고 일상적인 것들이 모이고 쌓여서 위대함을 이루는 법이다.

1983년, 한 청년이 뉴욕 엠파이어스테이트 빌딩의 바깥쪽을 기어 오르고 있었다. 지상에는 수많은 기자와 구경꾼이 모여서 그가 맨손으로 빌딩을 오르는 모습을 조마조마하게 지켜봤다. 청년은 느리지만 꾸준히 조금씩 위로 올라갔다. 가끔씩 그가 미끄러질 때마다 군중 속에서 두려움 섞인 짧은 비명이 터져나왔다. 그러나 청년은 당황하지 않고 잠시 그 자리에서 쉬다가 다시 위로 향했다. 그는 조금씩 군중에게서 멀어졌고, 하나의 점으로 보일 만큼 높이 올라갔다. 마침내 청년은 맨손으로 벽을 타는 방식으로 이 높은 빌딩을 정복했다. 또한 이 분야에서 새로운 기네스 기록을 수립하며 '스파이더맨'이라는 별명을 얻었다. 그가 바로 버슨 햄이다. 더욱 놀라운 사실은 버슨 햄이 고소공포증 환자였다는 점이다. "어떻게 고소공포증을 이겨냈나?"는 질문에 그는 웃으며 대답했다.

"처음부터 저 높은 빌딩을 끝까지 오르겠다고 결심하려면 엄청난 용기가 있어야 합니다. 하지만 '한 걸음씩만 가자'라고 생각하는 데는 그리 큰 용기가 필요하지 않지요. 저는 그저 한 걸음씩 오르는 것에만 집중했습니다. 한 걸음을 내딛고 나면 그다음 걸음을 생각했지요. 그 결과 기적을 만들 수 있었습니다."

한 걸음씩 꾸준하게 걸어가다 보면 언젠가 목적지에 닿는다. 기적 또한 마찬가지다. 사소해 보이는 한 걸음, 한 걸음이 쌓여서 기적을 만들어낸다.

한국의 프로골퍼 양용은 선수. 어린 시절 그는 우연히 TV에서 한 외국인이 골프를 치는 모습을 본 후부터 골프에 완전히 매료됐다. 그러나 가난한 집안 형편에 골프를 배운다는 것은 상상도 못할 일이었다. 하지만 그는 포기하지 않았다. 그는 한 골프장을 찾아가서 공을 줍는 아르바이트부터 시작했다. 그곳에서 일하다 보면 골프를 배울 기회가 있을 것이라고 생각했기 때문이다. 다행히 그의 생각대로 조금씩 골프를 접할 수 있었다. 비록 코치에게 제대로 된 훈련을 받지는 못했지만 일을 하고 남는 시간마다 혼자 독학으로 골프를 익혔다. 자세나 기술은 TV를 통해 프로골퍼들의 경기를 보며 따라 했다. 비록 아버지의 반대가 있었지만 그는 끝까지 고집을 꺾지 않았다. 골프가 이미 자신의 꿈이 되어버렸기 때문이다.

1997년, 양용은은 마침내 프로골퍼 테스트를 통과했다. 같은 해, 미국의 골프 천재 타이거 우즈도 아마추어에서 프로로 전향했다. 그리고 단숨에 세계 대회를 휩쓸며 '골프의 황제'로 떠올랐다. 양용은은 타이거 우즈를 보며 또다시 구체적인 목표를 세웠다.

"언젠가는 우즈를 꺾고 세계 최고의 자리에 오르겠다!"

10여 년 후, 서른일곱의 양용은은 마침내 자기 자신과의 약속을 지켰다. 제91회 PGA 챔피언십에서 우즈를 꺾고 우승을 거머쥔 것이다! 이로써 그는 메이저 골프 대회에서 동양인 최초로 챔피언이 되었다. 양용은은 국민적 영웅이 되어 당당하게 금의환향했다. 하지만 그 순간에도 그는 겸손함을 잊지 않았다.

"나의 인생은 느린 박자로 흘러왔다. 나는 항상 한 번에 한 걸음씩 내딛었기 때문이다. 하지만 그렇게 10년이 지나고 20년이 지나자 기회가 찾아왔다. 결국에는 태도가 모든 것을 결정한다. 노력하는 사람은 반드시 이길 기회를 얻게 된다. 그날을 위해 오늘도 한 걸음을 내디딜 뿐이다.”

미국의 저널리스트 모튼 헌트(Morton Hunt)는 성공하는 인생의 비결을 ‘전체를 수많은 작은 부분으로 세세하게 나누고, 하나씩 해결해 나가는 것’이라고 말했다. 한 걸음은 얼핏 별것 아닌 것처럼 보이지만 꾸준히 내딛다 보면 결국 앞으로 나아가게 된다. 반면 멈춰 서 있으면 영원히 아무것도 변하지 않는다. 더 이상 망설이지 말고 지금 그 한 걸음을 내디뎌라!

▼

출발선에서의 유리 혹은 불리의 여부는 중요하지 않다. 중요한 것은 그 후 과정에서 얼마나 꾸준하고 끈기 있게 임했느냐이다. 지치고 힘들더라도 포기하지 않고 단 한 걸음을 내디딜 때, 바로 그 한 걸음이 성패를 좌우한다는 사실을 기억하자.

나부터 나를 믿어야 남도 나를 믿어준다

"우리는 꾸준한 마음, 무엇보다도 스스로를 믿는 마음이 있어야 한다. 재능은 어떤 일을 완성하라고 하늘에서 내려준 것이다. 그렇기에 우리는 어떤 대가를 치러서라도 우리에게 맡겨진 일을 해내야 한다."

이는 퀴리 부인의 말이다. 빛을 발하는 것은 태양만의 특권이 아니다. 우리도 빛을 발할 수 있다. 자신을 믿는 사람은 언제 어디서든 긍정적이고 열정적인 태도로 삶을 대하며 자신만의 빛을 발한다. 반대로 자신을 믿지 못하는 사람은 다른 사람의 말 한마디에도 쉽게 위축되고 자신감을 잃어버린다. 또한 늘 남의 평가에 좌우되며 남에게 맞추느라 자신의 개성을 억누른다. 하지만 자기 자신조차 자신을 믿지 못하면서 어떻게 다른 사람이 자신을 믿어주기를 바라겠는가?

삶에 대한 희망과 자신감을 모두 잃은 청년이 있었다. 그는 어떻게

든 살아보기 위해 현자를 찾아가 행복해지는 법을 가르쳐달라고 간청했다. 현자는 그에게 못생긴 돌 하나를 건네주며 말했다.

"내일 아침, 이 돌을 시장에 가져가서 장사를 하게. 하지만 누가 얼마를 주겠다고 하든지 절대 팔지는 말아야 하네."

청년은 순순히 현자의 말을 따랐다. 하지만 하루가 가고 이틀이 갈 때까지 돌에 관심을 보이는 사람은 아무도 없었다. 사흘째 되던 날, 드디어 몇몇 사람이 돌에 관해 묻기 시작했다. 구체적으로 흥정을 하려는 사람도 있었지만 청년은 현자의 말대로 끝까지 고개를 저었다. 나흘째가 되자 꽤 높은 가격을 부르며 돌을 사겠다는 사람까지 나타났다. 청년이 돌아와서 시장에서 있었던 일을 이야기하자 현자는 빙긋이 웃으며 말했다.

"내일은 이 돌을 수석 시장에 가져가보게."

수석 시장에서도 비슷한 일이 벌어졌다. 둘째 날까지 다들 별 관심을 보이지 않았지만 셋째 날부터는 가까이 다가와 돌을 관찰하는 사람이 생겼다. 며칠이 지난 후, 돌의 가격은 깜짝 놀랄 만큼 껑충 뛰었다. 현자가 마지막으로 청년에게 말했다.

"자, 이제는 그 돌을 보석 시장에 가져가게."

마침내 돌의 가격은 보석과 맞먹을 정도로 높아졌다.

처음에는 아무것도 아니었던 돌이 나중에는 보석만큼 비싸진 이유가 무엇일까? 청년이 먼저 돌을 가치 있게 다루는 모습을 보이고, 싼 가격에 함부로 팔지 않았기 때문이다. 사람의 가치는 위 이야기 속의

돌과 비슷하다. 스스로 자신을 평범한 돌이라고 생각하면 영원히 평범한 돌로 남게 된다. 그러나 스스로 자신을 대단한 가치를 지닌 보석이라고 믿으면 실제로 그렇게 변한다. 자신이 그런 자화상의 모습대로 다른 사람의 눈에 비치는 것이다.

헝가리의 민족해방운동 지도자 코슈트(Kossuth Lajos)는 말했다.

"우리는 자신의 가치를 경홀히 여겨서는 안 된다. 자신감은 그 어떤 성품보다 남자의 기개를 가장 잘 보여주는 것이다."

사람은 누구나 태어난 이유가 있으며, 쓸모없이 태어난 생명은 없다. 그렇기에 맹목적으로 자신을 불신하고 부인하는 것은 매우 어리석은 일이다. 비록 지금 당장은 자신이 아무것도 아닌 존재처럼 보여도 속지 말라. 당신은 흙 속에 묻힌 금덩어리다. 금은 어디에 있어도 금이다. 흙 속에 묻혀 있다고 해서 그 빛까지 바래지는 않는다.

맥아더 장군이 미 육군사관학교를 다닐 때의 일이다. 어느 날, 그는 졸업 시험을 앞두고 굉장히 초조해하고 있었다. 시험을 통과하지 못할까 봐 걱정됐기 때문이다. 그때 그의 어머니가 말했다.

"아들아, 너 자신을 믿으렴. 네가 널 믿지 않으면 누가 널 믿어주겠니? 자신에 대한 의심을 버리고 믿음을 가지면 무엇이든 할 수 있단다. 끝까지 최선을 다하기만 하면 돼. 그러면 혹시 일등이 못 돼도, 아니 아예 낙제를 한다 해도 자기 자신이 열심히 했다는 사실을 알 테니 후회가 남지는 않을 거야."

맥아더는 어머니의 말에서 큰 힘과 용기를 얻었다. 그리고 다음 날,

당당하고 자신 있게 시험장으로 들어섰다.

결과는 어떻게 됐을까? 그는 육군사관학교를 최우수 성적으로 졸업했다! 그뿐만 아니라 확고한 자신감과 믿음을 바탕으로 수많은 전투를 승리로 이끌면서 마침내 미국 역사상 가장 유명한 장군이 되었다.

자신감을 높일 사람도, 자신감을 꺾을 사람도 결국 자신뿐이다. 실패와 좌절이 찾아오고 끝없는 실망감에 지치고 위축될 때 자신에게 한번 물어보자.

'지금 나는 나 자신을 믿고 있는가? 나조차 자신을 믿지 못하는데 누가 나를 믿어주겠는가?'

한 남자가 일본의 어느 대기업에 입사 지원을 했다. 그는 최종 면접까지 마친 후 초조하게 결과를 기다렸다. 하지만 며칠 뒤 날아든 결과는 안타깝게도 불합격이었다. 남자는 너무나 상심한 나머지 자살을 시도했지만 다행히 가족이 일찍 발견한 덕에 목숨을 구할 수 있었다. 그런데 얼마 후, 회사에서 시스템 오류로 인해 합격자가 불합격 처리됐다며 죄송하다는 연락이 왔다. 알고 보니 그는 합격했던 것이다! 남자는 뛸 듯이 기뻐하며 당장 회사로 달려갔지만 도착하자마자 곧 해고 통지를 받았다. 사소한 일로 자살까지 시도할 만큼 나약한 사람이 어떻게 험난한 사회생활을 견디겠느냐는 것이 해고 이유였다.

살다 보면 자신감이 꼭 필요할 때가 있다. 그 순간에 어떠한 선택을 하느냐에 따라 미래의 모습이 바뀐다. 이렇듯 자신감은 잠재력을 이끌어내는 열쇠이며, 때로 상상하지도 못한 결과를 만들어내는 엄청난 힘이다. 남이 자신을 믿어주기를 바라기 전에 먼저 스스로 자신을 믿어주자.

프랑스 작가 로맹 롤랑(Romain Rolland)이 말했다.
"나 자신이 먼저 나를 믿어야 남도 나를 믿어준다."
자기 자신을 믿어라. 자신감이야말로 스스로를 우수한 인재로 만드는 최고의 비결이다.

나에게도 행복할 권리가 있다

세상살이는 참으로 녹록지 않다. 살다 보면 자신의 뜻과 상관없이 곤경에 빠지기도 하고, 남을 비판하거나 비판받기도 하며 선택하거나 선택받기도 한다. 그러한 과정을 거치다 보면 처음에는 자신감이 충만했던 사람도 끝없는 의구심과 자기부정 속에 점차 의기소침해지게 마련이다.

사람은 누구나 행복할 권리가 있다. 그런 점에서 사람은 누구나 평등하다고 할 수 있다. 각자 하는 일과 사는 모양이 다를 뿐, 다들 자기 힘으로 살아가며 행복해지기 위해 열심히 노력하고 있다. 그렇기에 한 사람의 미래가 다른 사람에 의해 좌우된다는 것은 용납할 수 없는 일이다. 미래란 자기 자신의 굳건한 의지와 열정으로 만들어가는 것이다. 남이 무책임하게 던지는 말이나 판단에 걸려서 머뭇거려서는 안 된다. 목표하는 바를 이루겠다는 열정과 스스로에 대한 자신

감을 갖고 미래를 향해, 자신만의 행복한 삶을 향해 용감히 발걸음을
내디뎌야 한다.

타이론 보그스(Tyrone Bogues)는 어려서부터 농구를 좋아했다. 하
지만 키가 너무나 작아 친구들에게 무시당하기 일쑤였다. 어느 날, 보
그스는 수심 어린 얼굴로 어머니에게 물었다.

"어머니, 저는 키가 더 자랄 수 있을까요?"

어머니는 그에게 힘을 주며 말했다.

"그럼! 더 클 수 있고말고! 그뿐인 줄 아니? 너는 앞으로 아주 훌륭
한 농구선수가 될 거야!"

키가 더 크리라는 희망은 보그스의 마음속에 한 줄기 빛이 되었다.
그러나 안타깝게도 성인이 되었을 때 보그스의 키는 겨우 160센티
미터에 그쳤다. 하지만 보그스는 포기하지 않았다. 키가 작아도 얼마
든지 농구를 잘할 수 있음을 증명해 보이기로 결심했다.

보그스는 다른 선수들보다 훨씬 작았지만 더 빠르고 열정적으로
뛰었다. 경기장에서 그는 마치 굴러다니는 호랑이처럼 보일 정도였
다. 그는 자신보다 큰 선수들의 아래쪽 빈 공간을 공략해서 떨어지는
공 중 90퍼센트를 낚아챘다. 결국 그는 경기마다 높은 득점과 도움을
기록했고, NBA 신생팀인 샬럿 호네츠로 이적한 후 엄청난 두각을 드
러내며 일약 스타로 떠올랐다.

가난하든 부유하든, 잘생겼든 못생겼든, 키가 크든 작든 열정과 자

신감만 있으면 얼마든지 자신이 원하는 미래를 만들 수 있다. 보그스가 단신이라는 약점을 극복하고 오직 열정과 자신감으로 농구스타라는 꿈을 이룬 것처럼 말이다.

남에게 의지하거나 요행을 바라지 않고 오직 자신의 힘과 노력에 의지하는 것은 성공의 가장 기본 요건이다. 그렇기에 자기 자신을 믿지 않는다는 것은 자신을 배신하는 것이나 다름없다. 비록 당장은 수많은 곤경과 문제에 처해 있더라도 스스로에 대한 믿음만은 지켜야 한다. 또한 자신에게는 행복할 권리가 있다는 사실을 반드시 기억해야 한다. 스스로 행복해지기로 결심한 사람은 환경의 노예가 되지 않으며, 수많은 좌절에도 꺾이지 않고, 힘들고 어렵다는 핑계로 쉽게 포기하지도 않는다. 이 세상에 불행해지기 위해 태어난 사람은 없다. 누구나 행복해질 수 있다. 지금부터 행복해질 권리를 마음껏 사용하라!

▼

다음은 엥겔스가 지인에게 보낸 편지 일부다.
'나는 어느 화창한 봄날에 정원에 앉아 따스한 햇살을 등으로 느끼며 향긋한 담배를 물고 아무리 읽어도 질리지 않는 좋은 책을 들고 있을 때의 행복이야말로 이 세상에서 최고라고 느낀다네. 생각해보게. 그 어떤 즐거움이 이보다 더할 수 있겠는가?'
행복은 이처럼 작고 평범한 것에서부터 시작된다. 마음의 불안함과 괴로움을 이기고 스스로에 대한 자신감을 회복할 때, 우리는 진정한 행복과 함께 무한한 활기를 얻을 수 있다.

---------- ★ ----------

'실패'를 두려워하면 실패한다

---------- ★ ----------

흔히 자신감은 단련된 외면에서 비롯된다고 하지만 사실은 내면의 충실함이 훨씬 더 중요하다. 겉으로는 대단한 스펙에 화려한 경력을 갖추고 있어도 속으로는 자기비하감과 위축감에 시달리고 있다면 결국 실패하고 만다. 또한 시종일관 소극적이고 비관적인 태도로 인생과 세상을 대한다면 능력이 아무리 뛰어나도 제대로 발휘할 수가 없다. 일을 시도하기도 전에 '잘 안될 거야', '나는 할 수 없어' 등의 부정적 생각에 발목을 잡히기 때문이다. 문제는 이런 경우가 반복되면 결국 '나는 실패할 것'이라는 그릇된 고정관념에 빠지게 된다는 점이다. 자기 스스로 무덤을 파는 꼴이다.

데일 카네기는 "성공하고 싶다면 긍정적 자기암시를 유지하는 것이 중요하다"라고 했다. 항상 성공을 생각하는 사람은 그만큼 성공할 기회를 많이 얻는다. 그러나 계속 실패를 생각하는 사람은 실제로 실패할 확률도 높아진다.

세계적인 외줄 타기 곡예사 칼 왈렌다(Karl Wallenda)는 평소 이렇게 말했다.

"나에게는 줄을 타고 있을 때만이 진정한 인생이다. 그 외는 모두 기다림일 뿐이다."

왈렌다는 그만큼 외줄 타기에 자신이 있었고, 또 자신감을 바탕으로 위험한 곡예를 매번 성공적으로 해냈다.

그러나 1978년, 이 외줄 타기 명인은 푸에르토리코에서 곡예를 선보이다가 75미터 상공에서 추락해 세상을 떠났다. 이후에 그의 부인은 한 인터뷰에서 솔직한 심정을 토로했다.

"나는 처음부터 남편이 이 공연에서 사고를 당할지도 모른다고 생각했어요. 왜냐하면 석 달 전부터 그이가 '이번에는 어쩌면 떨어질지도 몰라'라는 말을 자주 했거든요. 또 '만약 떨어지면 어쩌지?'라는 질문을 자주 했고요……."

왈렌다를 외줄 위에서 굳건히 설 수 있게 했던 힘은 바로 자신감이었다. 어쩌면 그가 목숨을 잃은 것은 자신감을 잃어버렸기 때문 아닐까?

물론 살다 보면 나쁜 예감이 들 때도 있다. 그럴 때는 실패하거나 나쁜 일이 생길지도 모른다는 생각을 최대한 떨쳐내고 자신에게 긍정적인 사고를 불어넣어야 한다. 모든 일이 다 잘될 것이고 반드시 성공할 것이라는 믿음을 가지라는 말이다. 예감은 예감일 뿐이지만 불길한 예감에 사로잡히면 그것이 진짜 현실이 될 수도 있다. 때로는 하지 못해서 자신감을 잃는 것이 아니라 자신감을 잃었기에 하지 못하게 된다. 그만큼 우리의 마음은 큰 힘을 갖고 있다.

그래서 긍정적 자기암시가 중요하다. 긍정적 암시는 긍정적 생각에서부터 시작된다. 예를 들어 막 자전거 타는 법을 배운 사람이 있다고 하자. 자전거를 타고 길을 가다가 맞은편에서 사람이 올 때 '제발 부딪히면 안 되는데'라고 생각한다면 십중팔구 부딪히게 마련이다. 반면 '나는 잘 피해갈 수 있어'라고 생각하면 대개 잘 피해간다. 긍정적 생각이 몸과 마음에 자신감을 불어넣기 때문이다. '시험을 망치면 안 돼'를 '나는 시험을 잘 볼 거야'로, '병에 걸리면 안 돼'를 '나는 건강할 거야'로, '내가 가장 잘하고 일등이 되어야 해'를 '나는 나의 능력을 최대한 발휘하고 가장 좋은 성적을 낼 거야'로 바꿔보자. 생각을 바꾸는 순간, 놀라운 성과를 얻게 될 것이다.

프로복싱 전 헤비급 챔피언 조 프레이저(Joe Frazier)는 매번 시합이 다가오면 방 안 천장에 '나는 할 수 있다'라고 적은 종이를 붙여놓았다고 한다. 스스로를 믿는 것이 그의 가장 큰 승리 비결이었던 것이다.

독일에서는 1900년대 이전부터 작은 보트 한 척에 의지해서 대서양을 횡단하는 모험이 유행했는데 수많은 사람이 도전했다. 그러나 도전자 대부분이 실패하고 바다 한가운데서 목숨을 잃었다. 한스 린데만(Hannes Lindemann)이 성공하기 전까지는 말이다.

　정신과 의사이자 모험가인 린데만은 작은 보트를 타고 성공적으로 대서양을 횡단했다. 그가 이 모험을 성공시킬 수 있었던 가장 큰 이유는 바로 정신력이었다고 한다.

　"망망대해에서 홀로 파도와 싸울 때, 체력이 떨어지거나 풍랑을 만나는 것은 그다지 두렵지 않았습니다. 그보다는 스스로 만들어낸 공포와 절망이 더 두려웠지요. 노 젓는 것을 조금만 멈춰도 그 두려움이 나를 집어삼킬 것 같았습니다."

　린데만은 노를 저으며 마음속으로 끊임없이 스스로를 응원하고 할 수 있다는 믿음을 북돋았다.

　"속으로 '나는 할 수 있다, 나는 성공할 것이다, 나는 반드시 살아서 돌아간다'고 계속 중얼거렸습니다. 나는 그렇게 두려움을 이겨냈고, 실제로 살아서 돌아왔습니다."

　믿음은 무적이다. 스스로를 끝까지 포기하지 않고 믿음을 지키는 사람은 어떠한 고난과 어려움 앞에서도 정신이 무너지지 않기 때문에 반드시 승리한다. 생각이 행동과 결과를 만들어낸다.

▼

"실패는 두려움의 대상이 아니다. 성공할 확률을 높이는 유일한 방법은 바로 실패할 확률을 낮추는 것이다."

어떤 일이든 착수하기 전에 반드시 '나는 실패할 것이다'라는 생각을 버려야 한다. 그렇지 않으면 그 소극적이고 불길한 '예감'이 현실화되기 십상이다. 자신을 실패하게 만드는 가장 큰 원흉은 일 자체가 아니라 마음에 품은 두려움이다.

---------- ★ ----------

자기비하의 나쁜 습관을 버려라

---------- ★ ----------

우리는 언제나 자신이 행복할 수 있기를, 삶의 모든 순간이 행복의 기운으로 반짝이기를 간절히 바란다. 그러나 자신을 남과 비교하며 남보다 못하다고 생각하는 순간, 행복은 저만치 멀어진다. 자기 자신에 대한 확신과 자신감이 없기 때문에 행복을 향해 과감하게 달려가지 못하고, 그저 남들의 행복을 바라보는 자리에 스스로를 가둬버리는 것이다.

자기비하란 자존감이 심각하게 떨어진 상태로, 자기 자신에 대해 뿌리 깊은 의구심을 품고 있는 것을 말한다. 대개 큰 어려움이나 좌절을 겪은 사람일수록 자기비하에 잘 빠진다. 자기비하감에 빠진 사람은 자신의 능력을 의심하는 정도에서 마침내 능력을 전혀 발휘하지 못하는 상태로, 사람들과의 교류를 불편해하는 수준에서 스스로를 완전히 고립시키는 상태로 악화되기 쉽다. 이들의 가장 큰 문제점은 운명을 바꾸는 열쇠가 바로 자기 자신에게 있다는 사실을 전혀 모른다는 사실이다.

환경을 바꿀 수 없다면 자기 자신을 바꾸면 된다. 우리는 언제나 긍정적이고 낙관적인 태도로 매일 자신의 마음에 밝은 빛을 비춤으로써 자기비하라는 음울한 그림자를 몰아내야 한다. 자기비하에 빠지면 현실을 객관적으로 보지 못하고 잘못된 자아상을 형성할 위험이 크기 때문이다.

미국 철학자 랠프 에머슨(Ralph Waldo Emerson)은 말했다.

"자신이 자기비하에 빠져 있다는 사실을 용감하게 인정하는 것은 매우 어려운 일이다. 그러나 일단 그것을 인정하는 순간, 우리는 행복의 실마리를 잡을 수 있다."

알프레트 아들러(Alfred Adler)는 현대 개인심리학의 아버지로 불리는 정신의학자다. 1870년 오스트리아 빈의 상인 가정에서 태어난 그는 물질적으로 풍족했지만 심리적으로는 힘들고 괴로운 유년 시절을 보냈다. 어려서부터 모든 일에 형과 비교를 당했기 때문이다. 아들러의 형은 건강하고 활기가 넘쳤으며 모든 사람에게 사랑받았다. 그에 반해 아들러는 체격도 왜소하고 인물도 많이 떨어졌다. 게다가 다섯 살 때 폐렴에 걸려 죽을 위기를 넘긴 이후로 자주 잔병치레를 했다. 하지만 머리만큼은 누구보다 총명했던 아들러는 열심히 공부를 했고, 대학에 들어갔으며, 마침내 의사가 되었다.

1907년, 아들러는 신체적 결함이 야기한 열등감에 관한 논문을 발표해서 학계의 관심을 끌었다. 이 논문에서 그는 프로이트의 성(性) 결정론을 부정하고, 사회문화적 요소가 인격의 형성과 발전에 결정적 영향을 미친다는 주장을 펼쳤다.

그는 '우월에 대한 욕구야말로 인류가 가진 가장 핵심적인 동기'라며 '우월함을 추구하는 방식은 개인의 독특한 생활 습관과 인생 경험에 의해 결정된다'고 말했다. 또한 인간은 누구나 결함을 가지고 있는데, 이러한 결함으로 인한 자기비하감은 두 가지 상반된 작용을 한다고 주장했다. 하나는 개인을 무너뜨리는 것으로, 이러한 자기비하감은 심각한 타락이나 정신병을 야기할 수 있다. 다른 하나는 정반대로 개인에게 결함을 보완하고자 하는 동기를 부여함으로써 오히려 더욱 노력하는 원동력이 된다. 똑같은 자기비하감이라도 어떤 방향으로 발전시키느냐에 따라 전혀 다른 결과가 나온다는 것이다.

나는 이 세상에 유일무이한 존재다. 그렇기 때문에 다른 사람과 자신을 비교하거나 남을 부러워할 필요가 없다. 자기비하감에 빠져 스스로 행복을 걷어차지 말라. 자기 파괴적인 자기비하에서 벗어날 때, 우리는 비로소 참된 행복을 붙잡을 수 있다.

▼

미국의 전 대통령 루스벨트는 어린 시절 앓았던 소아마비의 후유증으로 몸이 불편했지만 항상 자신감을 잃지 않았다. 사실, 자신감은 그가 자기비하라는 큰 적을 이기고 마침내 대통령까지 될 수 있었던 가장 큰 무기였다.

--------- ★ ---------

자기비하라는 구렁텅이에서 탈출하는 법

--------- ★ ---------

살다 보면 우리를 자기비하의 함정에 빠지게 하는 일이 너무나 많다. 경제력, 외모, 학벌, 능력 등이 자신보다 훨씬 우월한 사람을 만났을 때 우리는 자기비하에 빠진다. 심지어 자신보다 노래를 좀 더 잘하거나 그림을 잘 그리는 사람을 보아도 슬며시 자기비하감이 든다.

일단 자기비하감이 생기면 더 이상 밝게 웃을 수도, 편안하게 지낼 수도 없을 만큼 마음이 괴로워진다. 행복은 당연히 말할 것도 없다. 문제를 해결하는 방법은 단 하나, 원인을 찾아 제거하는 것이다. 대체 무엇이 자기비하라는 가면을 쓰고 우리를 농락하는가?

살다 보면 수시로 문제와 어려움이 닥친다. 때로는 견딜 수 없을 만큼 큰 고통도 온다. 그럴 때마다 고개를 숙이면 보이는 것이라고는 온통 좌절이요, 절망뿐이다. 좌절과 절망은 삶의 의지를 앗아간다. 그러니 힘들고 어려울 때일수록 고개를 들고 하늘을 올려다보자. 넓고 광활하게 펼쳐진 하늘을 바라보며 땅에 떨어진 자신감을 다시금 세우자. 살아가야 할 이유를 발견하고 그것을 붙잡는 순간, 우리는 새로운 희망을 찾을 수 있다.

자기비하감은 할 수 있는 일도 포기하게 만든다. 습관적으로 자기비하에 빠진다면 그 원인이 무엇인지 객관적으로 따져보고, 적극적으로 대처함으로써 자기비하를 자신감으로 대체해야 한다. 다음은 전문가가 제시하는 자기비하 탈출법이다.

첫째, 긍정적인 심리 암시를 활용하라.

중국의 허들 금메달리스트 류시앙(劉翔)은 경기에서 우승했을 때 "내가 최고다!"라고 외쳤다. 스스로를 칭찬하고 긍정적인 암시를 준 것이다. 아무리 작은 일이라도 끝까지 완수했다면 자기 자신을 격려하고 칭찬하자. 자기 자신을 칭찬하다 보면 어느새 자신감이 부쩍 자랄 것이다.

둘째, '작은 목표'에서부터 시작하라.

목표는 구체적이고 실현 가능해야 한다. 무턱대고 크고 원대한 목표를 세우면 행동에 옮기기도 전에 포기하게 될 공산이 크기 때문이다. 자기 자신에게 맞는 목표를 여러 개 세우고 하나씩 이뤄감으로써 점차적으로 자신감을 길러야 한다.

셋째, 지나친 욕심을 버려라.

자신의 소유가 아닌 것은 지나치게 탐하지 말라. 사람에게는 각자

주어진 분량이 있다. 당장은 자신의 수중에 있어도 자신의 것이 아니라면 언젠가 원래 주인에게 돌아가게 마련이다. 그때 자신 또한 큰 타격을 받게 된다. 그래서 자신의 것이 아닌 것을 자꾸 욕심내다 보면 결국 자기비하에 빠질 수밖에 없다.

위의 세 가지를 명심하고 실천한다면 자기비하의 덫에서 자유로울 수 있을 것이다.

▼

Happiness Studies at Harvard

자기비하는 인생에서 가장 위험한 적이다. 왜냐하면 자기비하는 매우 재능 있고 뛰어난 사람도 한순간에 무너뜨릴 수 있기 때문이다.

부정적인 마음이 불행을 불러온다

행복의 새로운 패러다임을 제시한 샤하르는 세계 각국에 초빙되어 그 행복학을 강의했다. 그는 어느 나라에 가든 꼭 이런 질문을 받는다고 한다.

"교수님의 '행복학'이 저의 고통을 없애줄 수 있을까요?"

이 질문을 받을 때마다 샤하르는 선의를 가득 담아 이렇게 대답한단다.

"행복의 열쇠는 바로 당신의 마음가짐입니다. 어째서 고통을 없애야 한다고만 생각하십니까? 고통도 인생의 경험입니다. 그 경험에서 많은 것을 배울 수 있습니다. 또한 인간은 가장 고통스러울 때 더 큰 성장과 도약을 이룰 수 있습니다."

많은 사람이 살면서 불행을 만난 이후에도 여전히 행복하게 살아간다. 언제나 행복하고 즐겁기만을 바라면 인생은 오히려 끝없는 불만족과 부정적 감정에 빠져버린다. 그래서 '어떻게 고통에서 벗어나느냐'보다는 '어떻게 고통을 대하느냐'가 중요하다.

　직장에서 능력을 인정받고 출세 가도를 달리는 한 청년이 있었다. 앞길은 탄탄대로였으며 그 역시 자신의 찬란한 미래를 조금도 의심하지 않았다. 그러나 불행은 예기치 않게 찾아왔다. 금융위기가 닥친 것이다. 회사는 극심한 경영난에 빠졌고, 결국 도산하였다. 청년의 꿈과 야망 역시 한순간에 물거품으로 변해버렸다. 밝고 확실했던 앞날도 칠흑처럼 어두워졌다. 청년은 정처 없이 거리를 헤매며 세상에 자신만큼 불행한 사람도 없다고 한탄했다.

　어느 날, 청년이 고개를 숙인 채 힘없이 걷고 있는데 한 중년 남성이 그의 어깨를 툭 쳤다. 도산한 회사의 사장이었다. 사장이 싱긋 웃으며 청년에게 말했다.

　"자네는 참 행운아야!"

　"행운아요?"

　청년이 어이가 없다는 표정으로 반문했다.

　"회사가 망하고 나서 저는 아무것도 아닌 사람이 되어버렸습니다. 그런데도 행운아라니요?"

　"그럼, 행운아지!"

　사장은 고개를 끄덕이며 다시 한 번 강조하더니 말했다.

　"젊어서 좌절을 경험한 사람은 모두 행운아라네. 왜냐하면 그 경험을 통해 강해지는 법을 배울 수 있거든. 만약 젊은 시절에 줄곧 순조롭다가 사오십 대에야 실패한다면 그거야말로 큰 불행일세. 더 이상 재기할 기회조차 없지 않은가! 그러니 아직 기회가 있는 나이에 실패를 경험한 자네는 정말 행운아인 게지!"

불행 뒤에는 항상 행운이 숨어 있다. 이 사실을 발견하는 순간, 슬픔은 기쁨으로 변하고 고통도 더 이상 고통이 아니게 된다. 또한 신을 향한 원망을 그치고 절망의 구렁텅이에서 스스로 걸어나올 힘을 얻게 된다.

예상치 못한 재앙이나 사고를 겪을 때 대부분의 사람은 하늘을 원망하고 남을 저주하며 고통에 몸부림친다. 어쩌면 우리 자신도 예외는 아닐 것이다. 하지만 한 번쯤은 지금까지 해왔던 것과 전혀 다른 방식으로 불행에 대처해보면 어떨까? '희망'이라는 방식으로 말이다. 그 어떤 불행도 가슴 가득 넘쳐나는 희망을 이기지는 못한다. 희망이라는 등불이 있으면 막다른 길의 끝에서 언제나 새로운 통로를 찾을 수 있다.

제2차 세계대전 후, 독일은 철저히 폐허로 변했다. 한 사회학자가 조수와 함께 지하실에서 사는 어느 독일인 가정을 방문했다.

인터뷰를 마친 후 돌아오는 길에 그가 조수에게 물었다.

"저들이 나라를 재건할 수 있을 것 같은가?"

"어려울 것 같습니다."

그러나 사회학자는 정반대 의견을 내놓았다.

"아니야. 나는 저들이 할 수 있을 거라고 생각하네."

"어째서입니까?"

조수의 물음에 사회학자는 웃으며 말했다.

"그 어두운 지하실의 탁자 위에 뭐가 있었는지 기억하는가?"

"생화가 꽂힌 꽃병이 있었죠."

"바로 그걸세. 국난을 당한 상황에서도 여전히 탁자 위에 꽃 한 송이를 놓아둘 수 있는 민족이라면 반드시 나라를 재건할 수 있지. 그건 아직도 희망을 놓지 않았다는 뜻이거든!"

한 송이 꽃이 있는 곳에 희망이 있다. 말할 수 없는 고통과 불행이 닥쳐와도 살아내고자 하는 투지와 긍정적인 정신만 잃지 않는다면 어떠한 고난도 이겨낼 수 있다. 긍정적인 마음가짐은 행복의 근원이며 희망의 서광이다. 스스로 불행하다고 생각하면 불행이 더욱 깊어지지만 고통 가운데서 기쁨을 찾아가면 반드시 행운이 찾아온다. 결국은 자기 자신의 마음가짐이 불행도, 행운도 불러오는 것이다.

▼

Happiness Studies at Harvard

"일어섰다 넘어지기를 수십 번 반복해야 제대로 걷는 법을 배울 수 있듯, 수차례 실패를 경험한 사람만이 비로소 성공할 수 있다."

사람의 가치는 경험이 늘어갈수록 커지며, 좌절이나 불행을 겪는다고 해서 깎이지 않는다. 불행도, 고통도, 실패도 자신의 가치를 높여주는 인생 경험이다. 그러니 어떠한 순간에도 희망과 자신감을 잃지 말라.

---- ★ ----

인생의 우선순위를 잊지 말라

---- ★ ----

2천여 년 전, 고대 그리스 아테네의 정치가 페리클레스(Pericles)는 세상 사람들에게 경고했다.

"친애하는 친구들이여, 사소한 일에 목매지 말라!"

프랑스 작가 앙드레 모루아(Andr Maurois)도 비슷한 맥락의 충고를 했다.

"우리는 종종 별것 아닌 일로 이성을 잃고 사소한 것에 집착한다. 이 세상에서 겨우 몇십 년을 살 뿐이면서 의미 없는 일 때문에 귀중한 시간을 낭비하고 있는 것이다."

당연한 말이지만 사소한 일에 지나치게 매이면 인생은 빛이 바랜다. 현대사회를 살아가기란 그 자체로 신경이 곤두서고 피곤한 일이다. 그 탓에 많은 사람이 작은 일에도 감정적으로 반응하며, 사소한 일에 지나치게 얽매인다. 문제는 어떠한 관점과 시각을 가지고 있느냐가 실질적인 득실에 매우 큰 영향을 미친다는 점이다. 사소한 일이 잘 풀리지 않는다는 이유로 마땅히 누려야 할 즐거움을 빼앗긴다면 그보다 더 큰 손해가 어디 있겠는가?

한 부인이 차를 몰고 주유소에 들렀다. 그녀는 무심결에 직원이 기름을 넣는 주유기 앞에 차를 세웠다. 자신이 직접 넣지 않고 직원이 대신 넣어주면 1갤런당 50센트씩 서비스 비용이 더 붙는다는 것을 몰랐던 그녀는 나중에야 그 사실을 알고 기분이 상했다. 하지만 이미 엎질러진 물인지라 울며 겨자 먹기로 돈을 지불하고 집으로 돌아왔다.

사정을 들은 남편은 재빨리 계산부터 했다. 주유소가 서비스 비용으로 받아간 돈은 7달러, 기름을 넣었다면 무려 12킬로미터를 더 달릴 수 있는 돈이었다. 계산을 마친 남편은 불같이 화를 냈다.

"주유소 놈들, 서비스 비용을 따로 받다니 도둑이 따로 없군!"

이 일로 부부는 온종일을 불쾌하게 지냈다. 부부의 어두운 안색을 본 집안 어른이 이유를 물었다. 자초지종을 듣고 난 뒤, 그는 미소 띤 얼굴로 부부에게 말했다.

"너희들은 정말로 바보 같구나. 겨우 7달러 때문에 오늘 하루의 즐거움을 몽땅 잃어버렸어!"

그 순간, 부부는 머리를 얻어맞은 기분이었다. 자신들이 사소한 일 때문에 소중한 하루를 스스로 망쳐버렸다는 사실을 깨달은 것이다.

살다 보면 누구에게나 화나는 일이 생긴다. 하지만 화가 치밀고 마음의 균형이 깨질 때 자기 자신에게 한번 물어보자. 이 일이 정말로 화를 낼 만큼 가치가 있는가? 과연 이것이 자신이 진짜 원하는 것인가?

어느 오후, 한 남자가 정원에서 잔디를 깎고 있었다. 그 옆에서는 다섯 살배기 아들이 아버지가 잔디깎기 기계를 놀리는 모습을 신기한 듯 바라보았다. 잠시 후 집 안에서 전화벨이 울렸다. 남자가 전화를 받으러 들어간 사이, 아이는 호기심을 이기지 못하고 기계를 이리저리 움직여보기 시작했다. 그러다 기계를 한순간 잘못 미는 바람에 아버지가 가장 아끼는 튤립 화단을 엉망으로 망쳐버렸다.

아이가 깜짝 놀라 멍하게 서 있는데 마침 남자가 정원으로 나왔다. 그는 화단이 망가진 모습을 보자마자 화를 주체하지 못하고 아이를 향해 손을 번쩍 치켜들었다. 그 순간, 뒤따라 나온 아내가 부드러운 목소리로 속삭였다.

"여보, 우리에게 가장 큰 행복을 주는 선물은 저 튤립이 아니라 바로 아이예요."

아내의 말을 들은 남자는 곧 화를 누그러뜨렸다.

"나는 화를 내기 위해 꽃을 심는가?"
"나는 짜증내기 위해 출근하는가?"
"나는 싸우기 위해 친구를 사귀는가?"
화를 억누르기 힘들 때 잠시 심호흡을 하며 자문하다 보면 자신이 별것 아닌 일로 괜한 화를 내고 있음을 깨닫게 된다.

지혜로운 사람은 머리끝까지 화가 나는 순간에도 자신이 가장 아끼고 필요로 해야 하는 것이 무엇인지를 명확히 구분한다. 아무리 잘 가꾼 화단도 자녀보다 소중할 수 없다. 한순간의 자존심보다 평생의 안정과 행복이 훨씬 더 중요하다. 어떤 순간에도 우선순위를 잊지 말아야 한다. 그래야 사소한 일 때문에 인생에서 가장 중요한 것을 놓치는 우를 범하지 않을 수 있다.

▼

Happiness Studies at Harvard

지금 내가 강의하는 내용을 당신은 어쩌면 나중에서야 이해하게 될지도 모른다. 하지만 아주 늙어버린 후에 깨닫는 것은 곤란하다. 그때는 자신에게 가장 중요한 것이 무엇인지 깨달아도 더 이상 만회할 기회가 없기 때문이다. 젊은 시절에 이 사실을 깨닫는다면 모든 것이 달라질 것이다.

마음을 바꾸면 환경도 바뀐다

"사람은 현상 자체보다 현상을 보는 시각에 더 영향을 받는다."

철학자 쇼펜하우어의 말이다. 그의 말대로 세상에 '재수 없는' 일은 없다. 다만, '재수 없는' 기분이 있을 뿐이다.

우리는 불쾌하거나 안 좋은 상황을 만날 때마다 불평불만부터 터뜨리는 데 너무 익숙하다. 운이 없다고, 환경이 좋지 않다고, 또는 다른 사람이 도와주지 않는다고 습관적으로 불평과 원망을 늘어놓는다. 그러면 기분이 좋아질까? 전혀 아니다! 오히려 더 우울하고 나빠진다.

세상사는 마음먹기에 달려 있다. 환경을 바꿀 수 없다면 자신을 바꾸면 된다. 내리는 비를 그치게 하지 못하는 대신 우산을 쓰고, 길이 막히면 돌아갈 길을 찾는 것처럼 말이다. 생각을 조금만 바꾸면 많은 것이 달라진다.

자기계발 분야의 대가인 미국 작가 나폴레온 힐(Napoleon Hill)이 어느 날 사무실 건물의 화물용 엘리베이터에서 왼손이 없는 일꾼과 마주쳤다. 힐은 그에게 왼손이 없어서 불편하지 않느냐고 조심스럽게 물었다. 그러자 일꾼이 어깨를 으쓱이며 대답했다.

"아, 평소에는 왼손이 없는 것도 잊고 산답니다. 그러다 가끔 바늘에 실을 꿸 일이 생기면 그제야 생각이 나지요. 어차피 이미 벌어진 일인데 매일 생각하며 괴로워한들 무슨 소용이 있겠습니까?"

고통은 소금 같아서 어느 용기에 담느냐에 따라 농도가 달라진다. 똑같은 양의 소금이라도 물 한 잔에 타는 것과 밥그릇, 국그릇, 심지어 아주 넓은 저수지에 타는 것은 당연히 농도가 다를 수밖에 없다.

부정적인 감정이 생기는 이유는 대부분 문제를 지나치게 확대해서 보기 때문이다. 예를 들어 원래대로라면 자신에게 넘어와야 할 승진 기회가 동료에게 넘어갔다는 소문을 들었다고 하자. 아마 처음에는 화가 나서 어쩔 줄 몰라 하다가 결국 실망과 낙심에 빠질 것이다. 하지만 실제로는 괴로워해야 할 이유가 전혀 없다. 승진할 기회를 잃었을 뿐, 직장을 잃은 것도 아니지 않은가! 이번 기회는 놓쳤어도 다음 기회를 얻을 수 있다.

어떤 일의 결과를 바꾸고 싶다면 먼저 자신의 마음부터 손을 대야 한다. 인생의 길이는 결정할 수 없어도 폭은 자신의 의지로 얼마든지 넓힐 수 있고, 타고난 생김새나 체격은 바꿀 수 없어도 마음은 얼마든지 아름답게 바꿀 수 있다. 자신이 바꿀 수 있는 것에서부터 시작하는 것이 바른 시작이다.

자신의 운명을 주관하는 법은 어렵지 않다. 자신의 마음을 다스릴 수 있으면 된다. 어떤 일을 '재수 없다'고 생각한다면 그 일은 정말로 '재수 없는 일'이 된다. 그러나 '이만하면 괜찮다' 혹은 '이만하길 정말 다행이다'라고 생각하면 정말로 다행한 일, 아무것도 아닌 일로 변한다. 인생의 희비극이 모두 자신의 손에 달려 있는 것이다.

Happiness Studies at Harvard

"행복은 본질적으로 후천적인 학습을 통해 얻는 기술이다."
누가 봐도 불리하고 나쁜 상황에 놓였을 때조차 긍정적인 마음가짐은 한 줄기 빛이 된다. 환경을 바꾸고 싶다면 먼저 자신의 마음부터 바꾸자.

하버드대
행복학
명강의 | 4강

남을 부러워할 때 누군가는 나를 부러워한다

자기 인생에 전적으로 만족하며 사는 사람은 거의 없다. 대부분 자신보다 남이 더 행복하고 잘산다고 생각한다. 걱정거리와 고민, 문제가 산적한 자신과 달리 다른 사람은 늘 넉넉하고 여유 넘치며 행복해 보여서 괜히 우울해지기도 한다. 하지만 실제로도 그럴까? 행복은 정말 나와 상관이 없는가?

샤하르는 말했다.

"행복의 가지는 언제나 우리 앞에 있다. 다만, 우리가 먼 곳의 풍경을 부러워하며 그곳에 시선을 빼앗기느라 바로 눈앞의 행복을 발견하지 못할 뿐이다."

우리는 항상 누군가를 부러워한다. 직장인은 업무 스트레스에 시달리지 않아도 되는 학생을, 학생은 숙제나 시험이 없는 직장인을 부러워한다. 중년은 나이 어린 청년을 부러워하며 세월의 무상함을 한

탄하고, 청년은 중년의 성숙함과 안정된 생활을 부러워한다. 지금 내가 부러워하는 그 사람도 어쩌면 누군가를 부러워하고 있을 것이다.

비교와 부러움은 인간의 공통된 심리다. 그래서 지금 자신이 가진 것을 가장 소중히 여겨야 한다고 말하면서도 마음 한구석에는 여전히 갖지 못한 것을 탐낸다. 오죽하면 '놓쳐버린 고기가 제일 크고, 얻지 못한 것이 가장 좋다'고 하겠는가! 하지만 맹목적인 부러움은 종종 번뇌와 고통, 불행감만 가득 안겨준다.

한 청년이 남들처럼 번듯하지 못한 자신의 삶 때문에 고민하다가 소크라테스를 찾아갔다.

"선생님, 세상에서 가장 귀중한 것은 무엇입니까?"

청년의 질문에 소크라테스는 답하지 않았다. 그는 청년을 데리고 사람들을 찾아가 똑같은 질문을 던졌다. 사람들의 대답은 제각각이었다. 그런데 한 가지 공통점이 있었다. 모두 '이미 잃어버렸거나 아직 얻지 못한 것'이었다는 점이다. 권력이 있는 사람은 우정을 바랐고, 감옥에 갇힌 자는 자유를 갈망했으며, 정신적으로 시달리는 사람은 안심할 수 있기를 소원했다. 이윽고 소크라테스가 청년에게 말했다.

"우리는 이미 귀중한 것을 아주 많이 가지고 있네. 다만, 가지고 있을 때는 모르다가 잃어버리고 나서야 그 소중함을 깨닫게 될 뿐이지."

우리가 갖지 못한 것은 행복이 아니라 행복을 발견하는 눈이다. 자신은 가지지 못한 것을 남이 가지고 있을 때 우리는 강렬한 부러움과 질투를 느낀다. 문제는 자신도 남이 부러워할 만한 것을 충분히 가지고 있으면서 그 사실을 모른다는 점이다.

사람은 누구나 마음속에 자신만의 행복의 정원을 가지고 있다. 그러나 대부분 다른 사람의 정원에 핀 장미를 부러워하느라 정작 자신의 정원에 핀 호접란이 얼마나 아름다운지를 보지 못한다. 이처럼 남을 부러워하기만 하면 영영 행복을 찾을 수 없다.

다른 사람이 자신보다 행복해 보이는 이유는 무엇일까? 그것은 우리가 남의 행복에는 확대경을 들이대면서 자신의 행복은 축소경으로 보기 때문이다. 다른 사람의 불행은 축소해서 보지만 자신의 불행은 늘 확대해서 본다. 그러니 당연히 자신의 삶은 어떤 각도에서 봐도 괴롭고 짜증나는 것일 수밖에 없다.

한 기자가 직업군별로 행복지수를 조사했다. 그런데 어찌 된 일인지 자기 직업에서 행복을 느낀다는 사람은 손에 꼽을 만큼 적었다. 부동산업에 종사하는 한 사업가는 엄청난 재산을 가지고 있었지만 행복하냐는 질문에 고개를 저으며 탄식했다.

"부동산 업계는 경쟁이 치열하고 리스크도 매우 큽니다. 오늘 주머니가 좀 두둑하다고 해서 내일도 그러리라는 보장이 없지요. 차라리 제때 월급을 받는 직장인이 부럽습니다. 안정적이고, 골치 아픈 일도 많지 않으니까요."

금융기관에 다닌다고 하면 모두가 부러워한다. 누구나 인정하는 고소득의 직장이기 때문이다. 하지만 실제 은행에서 일하고 있는 한 여성은 이 같은 반응에 울분을 토했다.

"알고 보면 좋을 것도 없어요. 매일 감옥 같은 창구 안에 앉아서 하루 종일 긴장된 상태로 돈을 만져야 하는걸요! 혹시라도 착오가 생기면 그야말로 심장이 쿵 떨어져요. 아무래도 돈이 얽힌 일이니까 스트레스가 만만치 않지요."

공무원, 그것도 한 기관의 장이라면 돈과 명예를 전부 가졌다고 봐도 무방하다. 그런데 얼마 전 모 기관의 부국장으로 임명된 한 남성은 행복에 대한 질문을 꺼내자마자 손사래를 쳤다.

"감투를 쓰는 것만큼 위험한 일이 또 있나요? 까닥 잘못하면 부패다, 부정이다 하며 얽히기 쉬워서 행실 하나하나까지 조심해야 하는걸요. 게다가 위계체계도 엄격해서 윗사람 말에는 무조건 복종해야 하는데, 그것도 큰 스트레스입니다. 차라리 아무 직위도 없는 것이 낫겠다 싶다니까요."

기자는 마지막으로 교사를 취재했다. 안정된 생활에 확실한 노후 보장, 1년에 두 번 방학까지 있는 교사라면 누구보다도 행복하지 않을까? 하지만 일선에서 근무하는 교사들은 그렇지 않다며 목소리를 모았다. 연구 실적에 대한 부담이나 학생 지도의 어려움을 생각하면 들인 노력에 비해 얻는 게 너무도 적다는 것이다.

기자는 취재를 마친 후 '사람은 누구나 자신의 직업에 만족하지 않으며 다른 사람을 부러워한다'는 결론을 내렸다.

인생의 참모습은 겉으로 보이는 것과 다를 때가 많다. 겉으로는 행복해 보여도 알고 보면 말 못할 괴로움에 시달리고 있을 수 있고, 누가 봐도 어려운 상황에 처한 사람이 사실은 가장 큰 행복과 평안을 누리고 있을 수도 있다. 결국 인생의 괴로움은 자기 자신이 만드는 것이다. 괴로움이 사라지기를 마냥 기다리지 말고 스스로 떨쳐내야 하는 이유도 여기에 있다.

마음가짐과 태도를 바꾸면 여태껏 알지 못했던 행복이 보인다. 그러니 현재를 소중히 여기고 감사하자.

톨스토이는 말했다.

"행복한 가정은 전부 비슷하지만 불행한 가정은 제각각의 이유로 불행하다."

사람이 사는 모습은 모두 엇비슷하다. 그럼에도 불행하다고 느끼는 이가 많은 까닭은 자신의 불행만 크게 확대해서 보기 때문이다. 내가 남을 부러워하는 만큼 누군가는 나를 부러워한다는 사실을 기억하자.

나를 죽이는 비교 말고 살리는 비교를 하라

'사람은 높은 곳을 향해 가고 물은 낮은 곳으로 흐른다.'

이 격언에는, 사람은 언제나 높은 곳을 목표로 삼고 부단히 노력해야 한다는 뜻이 내포되어 있다. 그러나 현실에서는 자신보다 위에 있는 이를 비교 대상으로 삼으면 오히려 극심한 스트레스를 받을 때가 많다. 심지어 점점 자신감을 잃고 이유 없는 박탈감에 분노까지 치민다. 대체 왜 그럴까? 자신보다 나은 사람을 비교 대상으로 삼으면 좀 더 투지가 생기고 의욕이 솟아나야 하는 것 아닌가?

살아간다는 것은 엄연한 현실이며, 그 속에서 일어나는 모든 희로애락은 자기 자신이 오롯이 감당해야 하기에 행복해지고 싶다면 스스로 만족할 수 있어야 한다. 그런데 항상 위만 바라보면 상대적으로 부족한 자신의 현실에 계속 실망하게 된다. 문제는 이러한 실망감이 쌓이면 결국 불행해진다는 점이다. 그래서 때로는 자기보다 못한 사람을 바라보며 지금에 감사하는 마음을 가져야 한다. 물론 줄곧 아래를 비교 대상으로 삼는 것도 금물이다. 현실을 제대로 파악하지 못하고 안일함에 빠지거나 헛바람이 들 수 있기 때문이다. 그래서 위와 아래 중 어느 쪽으로도 치우치지 않고 적절히 비교할 줄 아는 지혜가 필요하다. 위와 비교하며 자신의 부족함을 깨닫고 아래와 비교하며 감사함과 자족함을 배운다면 균형 잡힌 건강한 생활을 할 수 있다.

비교하기를 좋아하는 것은 인간의 본능이라 어쩔 수 없지만, 이것도 잘 활용하면 삶의 지혜가 된다. 단, 비교의 목적은 자기계발과 만족이어야 한다. 비교 후에 얻어지는 것 없이 무조건 불쾌한 감정적 반응만 남는다면 바른 비교라고 할 수 없다. 가장 좋은 방법은 생활에서는 아래를, 일에서는 위를 비교 대상으로 삼는 것이다. 이렇게 하면 현재의 생활에 만족하는 동시에 더 나은 실적을 내기 위해 끊임없이 노력할 수 있다.

평소 생활할 때는 지금 자신이 갖지 못한 것에 집중하는 대신, 자신이 가진 것조차 갖지 못한 이웃들을 생각해보자. 펑펑 쓸 만큼 풍족하지는 않아도 먹고사는 데 문제없고, 호화로운 아파트는 아니라도 바람을 피할 따뜻한 집이 있다면 당신은 이미 행복한 사람이다. 가끔은 짜증나고 힘들어도 가족 모두가 별 탈 없이 함께하고 있다면 더욱 감사해야 한다. 누군가는 지금 사랑하는 이를 잃고 슬픔에 잠겨 있을지도 모르니까. 그래서 아래를 바라보고 비교하면 지금 건강한 것, 가족 모두가 평안한 것, 심지어 오늘 하루를 무사히 보낸 것조차 전부 감사의 이유가 된다.

반대로 일에서는 위를 바라보자. 그러면 작은 성과에 지나치게 들뜨거나 교만에 빠지지 않을 수 있다. 어디 그뿐인가? 자신보다 뛰어난 동료를 보면서 자극을 받고 자기 자신을 더욱 발전시키는 계기를 얻게 된다.

위와 아래를 균형 있고 바르게 비교하면 이를 통해 삶의 질을 높일 수 있다. 자신을 죽이는 비교가 아닌, 살리는 비교를 시작하라!

▼

Happiness Studies at Harvard
"행복은 긍정적인 마음가짐을 갖는 데서부터 시작된다."
샤하르가 말하는 긍정적인 마음가짐이란 무엇일까? 아마도 균형 잡힌 비교의식 아닐까? 위를 향한 비교와 아래를 향한 비교를 적절히 병행할 때 우리는 겸손과 도전의식, 자족할 줄 아는 마음과 지나치게 욕심 부리지 않는 지혜를 얻을 수 있다.

---------- ★ ----------

맹목적인 비교라는 색안경을 벗어라

---------- ★ ----------

요즘 사람들은 피곤에 빠져 산다. 실제로 어느 조사에 따르면 현대인의 97퍼센트가 만성적 피로를 느낀다고 한다. 어디를 가든 누구를 만나든 "사는 것이 피곤하다"는 말을 어렵지 않게 들을 수 있다.

현대인이 피곤한 이유는 무엇일까? 여러 원인이 있겠지만 근원을 파고들면 의외의 답이 튀어나온다. 바로 욕심이다. 좀 더 높은 자리를 바라는 욕심, 더 좋은 집과 좋은 차를 갖고 싶다는 욕심, 체면을 차리고 싶다는 욕심 등……. 많은 사람이 이런 수많은 욕심을 충족시키기 위해 극도로 피곤해하면서도 마음 편히 쉬지 못하고 끊임없이 자신을 몰아세운다.

일리노이대학교 심리학과의 에드 디너(Ed Diene) 교수는 말했다.

"만약 우리가 기대와 바람, 욕망을 점차적으로 줄인다면 훨씬 쉽게 만족을 얻을 것이다. 이는 경제 상황이 악화될 때도 마찬가지다."

사실, 욕심을 버리는 방법은 간단하다. 맹목적인 비교를 하지 않으면 된다. 맹목적인 비교가 끝없는 욕심을 만들어내기 때문이다. 게다가 비교 대상과의 격차에서 정신적 고통을 느끼게 함으로써 궁극적인 행복마저도 빼앗아간다.

얼마 전, 한 친구가 고급 승용차를 샀다. 그런데 차를 사고 난 뒤 그는 뜻밖의 이야기를 했다.

"나는 원래 차를 살 생각이 전혀 없었습니다. 걸어서 출퇴근할 수 있을 만큼 집과 직장이 가깝거든요. 게다가 회사까지 가는 길 양편에는 나무가 죽 늘어서 있어서 매일 삼림욕하는 기분이었지요. 그 덕분에 내게는 출퇴근길이 늘 즐거운 재충전과 휴식의 시간이었습니다. 그런데 왜 차를 샀느냐고요? 친구들과 만나거나 동창회 모임이 끝나고 난 뒤 다들 각자 차를 타고 돌아갈 때, 나 혼자 도로변에 서서 택시를 잡고 있는 모습이 너무 초라해 보였기 때문입니다. 사람이 참으로 웃긴 게, 한번 그런 생각이 들기 시작하니까 차가 없다는 사실이 굉장히 불편하게 느껴졌습니다. '남들은 다 있는데 나는 왜 없나' 하는 비교의식을 도무지 떨쳐버릴 수가 없더군요. 그래서 차를 샀습니다. 꼭 필요해서라기보다는 다른 사람들에게 '나도 있다'는 것을 보여주기 위한 것이었죠. 하지만 기분이 좋지는 않았습니다. 오히려 찝찝하고 허무하기까지 하더군요. 남들에게 보여줄 때의 쾌감은 잠시뿐이고, 대부분의 시간은 그런 불쾌한 감정을 온전히 나 혼자 감당해야 했습니다."

우리는 종종 허영심에 사로잡혀서 남과 자신을 맹목적으로 비교한다. 집, 자동차, 지위, 외모……. 그리고 남보다 자신이 못하다고 느껴지면 삶의 모든 즐거움을 무시한 채 오로지 그 간극에 집착하며 스스로를 괴롭힌다. 특히 젊은 시절에는 자기 몸을 돌보지 않고 가족에게 관심을 두지 않은 채 자신을 남보다 더 괜찮아 보이는 사람, 남들이 부러워할 만한 사람으로 만들기 위해 모든 것을 투자한다. 그러다 나이가 들고 건강과 가족을 잃고 난 뒤에야 비로소 건강이 최고의 복이고, 가족이야말로 마땅히 아껴야 할 마음의 피난처이며, 진실한 우정이야말로 끝까지 믿고 기댈 수 있는 나무임을 깨닫는다.

어느 사업가가 말했다.

"요즘 세대는 얼마나 잘사는지, 얼마나 많이 버는지, 조건과 배경이 얼마나 좋은지를 비교할 뿐 문화적 소양이나 성품, 자기수련 정도는 비교하지 않습니다. 그래서 갈수록 겉껍데기만 화려해지고 속은 텅 비어갑니다."

맹목적인 비교는 하면 할수록 피곤하고 괴로워질 뿐이다. 지금 별다른 이유 없이 마음이 불편하고 힘들다면 자기 자신을 냉정하게 객관적으로 돌아보자. 혹시 다른 사람과 자신을 비교하면서 무조건 남을 부러워하고 있지는 않은가? 다른 사람이 가진 명예나 물질, 지위는 모두 나와 무관하다. 이 사실을 깨닫고 스스로 만족하는 비밀을 깨우치면 더 이상 맹목적인 비교를 하지 않게 된다. 그리고 맹목적인 비교가 그칠 때, 비로소 참된 행복이 찾아온다.

"행복은 인생의 가치를 가늠하는 유일한 기준이자 모든 목표의 최종 목표이다."

맹목적인 비교는 행복을 찾지 못하도록 우리의 눈을 가린다. 행복은 자기 자신을 있는 그대로 인정하는 것에서부터 시작된다는 사실을 기억하자.

남이 아닌, 과거의 나와 마주하라

하버드대학교의 학생들은 세계에서 가장 훌륭하고 우수한 인재들이다. 그러나 우수하다고 해서 반드시 행복한 것은 아닌 모양이다. 샤하르의 '행복학' 강의가 학생들로 늘 만원을 이뤘던 것을 보면 말이다. 어쩌면 하버드대의 학생들은 뭐든지 훌륭하게 해내야 하고 뛰어나야 한다는 강박관념이 누구보다도 강했기에 더더욱 마음의 행복을 갈구했을는지도 모른다.

샤하르는 세계 순회강연 중에 여러 훌륭한 인물을 제쳐놓고 오프라 윈프리를 가장 많이, 자주 언급했다.

오프라 윈프리는 미국에서 가장 유명한 여성 진행자로, 그녀의 토크쇼는 매주 3,300만에 달하는 시청자를 TV 앞으로 모이게 할 정도였다. 2009년 〈포브스〉가 선정한 '세계 100대 부자' 명단에도 이름을 올린 바 있는 그녀는 미국에서 가장 부유한 흑인 중 한 사람이기도

하다. 그러나 성장 배경을 알고 나면 그녀가 이토록 대단한 성공을 거둔 것이 거의 기적과도 같은 일임을 알 수 있다.

오프라는 미시시피 주에서 태어나 매우 가난한 어린 시절을 보냈다. 물도, 전기도 들어오지 않는 집에 살면서 온갖 구박과 인종차별을 받았으며 부모의 보살핌을 전혀 받지 못하고 어려서부터 스스로 살 길을 찾아야 했다. 한때 그녀는 마약에 손을 댔고, 성폭행을 당했으며, 어린 나이에 출산을 했을 뿐만 아니라 자식이 얼마 살지 못하고 죽는 모습까지 보았다. 하지만 끔찍하도록 어려운 상황에서도 오프라는 희망을 놓지 않고 열심히 공부해서 대학에 들어갔다. 대학을 졸업한 후에는 한 방송국에서 진행자로 일했는데, 얼마 안 돼 '외모가 못생기고 방송에서 객관적이고 냉철한 태도를 유지하지 못한다'는 이유로 해고되고 말았다.

서른 살이 되던 해, 그녀는 커리어의 방향을 뉴스가 아닌 대담 프로그램으로 돌렸다. 타인에게 감정적으로 잘 공감하고 이해하는 자신의 특성을 살리기로 한 것이다. 선택은 결정적인 신의 한수였고, 마침내 오프라는 자신의 열정과 정력을 마음껏 쏟을 수 있는 일을 발견했다. 그리고 오늘날 그녀는 미국뿐만 아니라 전 세계에 이름을 알린 훌륭한 진행자로 우뚝 섰다.

과거의 모습이 반드시 미래의 모습과 같지는 않다. '개천에서 용난다'는 말도 있지 않은가! 사람은 보편적으로 자신보다 뛰어난 사람 앞에서는 속내를 드러내지 않으려 하는 심리가 있다. 자신이 남보다 부족하게 보이는 것이 싫기 때문이다. 그러나 오프라는 매우 직설적으로 솔직하게 자신의 과거를 공개함으로써 대중과 교감했다. 그러면서 현재의 자신을 성공한 사람들이 아닌 과거의 자신과 비교할 줄 알아야 한다는 사실을 몸소 보여줬다. 그래야 지금 자신이 얼마나 더 나아졌는지, 얼마나 더 행복한지를 깨달을 수 있기 때문이다.

인생은 세로가 아닌 가로로 비교해야 한다. 지금의 자신을 예전의 자신과 비교하고, 현재를 과거와 비교하라는 것이다. 비교 대상이 자신의 과거가 되면 삶은 훨씬 풍성하고 행복해진다. 헤밍웨이는 "남보다 뛰어난 것은 자랑거리가 되지 못한다. 진정한 자랑거리는 과거의 자신보다 뛰어난 것이다"라고 말했다. 인생에는 승패가 없다. 타인과 자신을 맹목적으로 비교하는 것은 더더욱 안 될 말이다. 그럼에도 승패를 겨뤄야 할 대상이 있다면 다름 아닌 자기 자신이다.

호주 시드니 동부의 어느 유명한 회사에서 일하는 케일럽. 일도 잘하고 수입도 많았지만 그는 늘 위축된 기분을 떨칠 수가 없었다. 자신은 이 회사에서 일한 지 5년 만에 겨우 팀장 직급을 달았는데, 자신보다 늦게 들어오고 심지어 자기 밑에서 일하기도 했던 동료는 현재 임원 자리까지 올라갔기 때문이다.

이 일로 고민을 거듭하던 그는 결국 정신과 상담을 받았다. 그의 이야기를 들은 후, 의사는 먼저 과거의 경험부터 이야기해보라고 말했다. 케일럽은 자신의 과거를 떠올리며 고등학교를 중퇴하고 외지에서 온갖 궂은일을 하다가 호주까지 오게 된 일련의 과정을 하나씩 되짚어보기 시작했다.

"처음 호주에 왔을 때 저는 레바논 사람이 경영하는 마트에서 물건 정리하는 일을 했습니다. 한번은 사장이 저에게 풀을 뽑으라고 시켰는데, 제가 뜨거운 태양 아래 풀을 뽑는 동안 사장은 옆에 앉아 감시를 하고 있었지요. 일을 다 마친 후, 그는 제게 수고했단 말 한마디 없이 미지근한 물 한 병만 툭 던져주고 가버렸습니다. 그때 기분은 정말 비참했습니다. 꼭 거지가 된 기분이었죠. 나중에 알렉산드리아에 있는 세차장에서 일을 하게 됐는데, 그곳 사장은 매우 가혹한 사람이었습니다. 항상 빨리하라고 재촉하고 툭하면 욕을 했지요. 하루 종일 눈코 뜰 새 없이 바쁘게 일하고 집에 돌아오면 온몸이 녹초가 되어서 그저 눕고 싶은 생각밖에 나지 않았습니다. 이런 식으로 얼마나 더 견딜 수 있을까, 매일 고민했지요."

의사가 물었다.

"그럼 지금은 어떠십니까?"

"지금요? 그때에 비하면 지금은 천국이지요! 작은 부서의 팀장이기는 하지만 기본적으로 힘든 일도 별로 없고, 상부에서 압박을 주지도 않거든요. 부하 직원들도 저를 잘 따르는 편이고요. 가끔은 애들 데리고 놀러 가거나 취미생활을 할 수 있을 만큼 시간적 여유도 있고……."

케일럽은 갑자기 입을 다물었다. 무언가에 머리를 한 대 얻어맞은 기분이었다. 그런 그의 모습을 보며 의사는 조용히 미소를 지었다.

어떤 사람이 지금 성공하고 행복한 것은 과거에 그만큼 노력하고 애썼기 때문이다. 하지만 중국 작가 빙신(冰心)의 말대로, 사람들은 성공의 꽃만 보고 지금의 아름다움에 감탄하며 부러워할 뿐 그 꽃이 씨앗이었을 때 얼마나 많은 눈물과 희생의 피땀을 흘렸는지는 알지 못한다. 씨를 뿌리고 나무를 기를 때 들인 노력과 고생은 간과한 채 풍성히 달린 열매만 보고 그를 부러워하다니, 이 얼마나 어리석은 짓인가?

비교는 자기 자신에게 자괴감과 고민만 안겨준다. 그럴 시간에 차라리 과거를 돌아보고 현재의 자신과 비교해보라. 마음이 훨씬 가벼워질 것이다.

과거의 발자국을 돌아볼 줄 아는 사람은 미래의 행복도 어렵지 않게 찾을 수 있다. 담담하고 평안한 마음으로 다가올 내일을 바라보자.

▼

Happiness Studies at Harvard

중국의 작가이자 방송 진행자인 러지아(樂嘉)가 말했다.

"비교의식은 고통의 근원이다. 그럼에도 비교하는 것을 멈출 수 없다면 다른 사람이 아닌 자기 자신의 과거를 비교 대상으로 삼는 것이 유일한 해결 방법이다. 세로로 비교하지 말고 가로로 비교하라. 자신의 상황이 과거에 비해 열 배 이상 좋아졌어도 현재 다른 사람의 상황이 자신보다 훨씬 낫다고 생각하는 순간 행복은 갑자기 사라지고 만다. 남이 어떠하든 내가 상관할 바가 아니다. 그저 자신이 필요한 것을 얻기만 하면 된다."

자기 자신을 전적으로 사랑하고, 자신의 과거와 현재를 비교하며 모든 것을 있는 그대로 받아들일 때 비로소 행복을 만날 수 있다.

감사하면 복이 온다

'행복은 감사하는 마음을 갖는 것이다. 그리고 건강, 진심을 다할 수 있는 일, 자신을 깊이 사랑하는 배우자를 갖는 것이다.'

'감사하는 마음'을 첫 번째로 꼽은 것을 보면 글을 쓴 사람은 틀림없이 감사가 얼마나 중요한지를 잘 아는 사람일 것이다.

그렇다. 감사할 줄 아는 사람은 삶이 자기 뜻대로 흘러가지 않을 때도 초연함과 미소를 잃지 않고 여전히 행복을 누린다. 반대로 감사할 줄 모르는 사람은 모든 것이 순조롭게 흘러가고 눈앞에 탄탄대로가 펼쳐져 있어도 만족하고 감사하기는커녕 이를 당연시하며 오히려 불만스러운 부분을 억지로 찾아낸다. 그러니 당연히 행복과도 거리가 멀다.

'물 한 방울의 은혜도 솟구치는 샘물로 갚아라'라는 속담이 있다. 그러려면 먼저 감사할 줄 알아야 한다. 감사는 교양이자 미덕이며 지혜이다. 감사할 줄 아는 사람은 삶의 모든 부분에 감사한다. 날이 쨍하니 맑으면 나들이 가기 좋은 날씨라고 감사하고, 흐리고 비가 오면 농작물이 잘 자라겠다며 감사한다. 그러나 감사할 줄 모르는 사람은 날이 맑든 흐리든, 매사가 불만스럽고 기분 나쁘다.

아이는 어머니와 크게 싸우고 무조건 집을 뛰쳐나왔다. 하염없이 눈물을 흘리며 정처 없이 걷다 보니 어느새 날이 어두워졌다. 마음이 조금 가라앉은 아이는 그제야 배고픔을 느꼈다. 마침 눈앞에 국수를 파는 간이식당이 있었지만 주머니에는 동전 한 푼 없었다. 아이는 또 한 번 어머니에게 화가 났다. 그때, 간이식당의 여주인이 아이가 머뭇거리는 모습을 보고 물었다.

"애야, 국수가 먹고 싶니?"

"그렇긴 한데 돈이 없어요."

여주인이 웃으며 말했다.

"괜찮아, 내가 사는 것으로 하자꾸나."

곧 아이 앞에 뜨끈한 김이 피어오르는 국수 한 그릇이 놓였다. 아이는 국수를 먹으면서 저도 모르게 눈물을 흘렸다. 깜짝 놀란 여주인이 이유를 묻자, 아이는 울먹이며 말했다.

"정말 감사해서 그래요. 아주머니는 저를 처음 보셨는데도 이렇게 잘해주시는데, 우리 엄마는 왜 맨날 저를 혼내기만 할까요? 오늘도 엄마랑 대판 싸우고 나왔는데 저를 찾지도 않잖아요. 정말 매정해요!"

여주인이 진심 어린 말투로 타일렀다.

"얘야, 너는 기껏 국수 한 그릇을 준 나에게도 감사하면서 왜 십 년 넘게 너를 길러주시고, 매일 밥과 빨래를 해주신 엄마한테는 감사할 줄 모르니?"

감사할 줄 아는 사람이 행복한 사람이다. 어째서 우리는 낯선 사람이 잠시 베푼 친절에는 고마워하면서 낳고 수십 년 동안 길러주신 부모의 은혜에 감사할 줄 모르는 것일까? 어쩌면 모든 것을 너무 당연하게 생각하고 있는 것 아닐까?

살면서 우리가 가장 감사하고 고마워해야 할 대상은 다름 아닌 가족이다. 바로 내 곁에 있는 부모님, 배우자, 자녀에게 감사한 마음을 가져야 한다. 특히 부모님은 나를 위해 많은 것을 희생하고도 아무런 대가도 요구하지 않으신다. 그런데 어찌 감사하지 않을 수 있단 말인가?

한 수도자가 자신의 스승에게 물었다.

"지금 우리 시대의 가장 큰 문제는 무엇이라고 생각하십니까? 전쟁입니까?"

"그렇지 않다."

"그러면 재난입니까?"

"그것도 아니다."

"그럼 대체 무엇이 문제입니까?"

"감사할 줄 모르는 것이다."

어느 기자가 가난한 산골 마을을 취재하러 나섰다. 마을에 도착한 그는 산그늘에 자리한 아주 낡은 초가집 앞에 걸음을 멈췄다. 앞마당에 한 무리의 아이가 모여 앉아 숙제를 하는 모습이 눈에 띄었기 때문이다. 여기저기 해졌지만 깨끗하게 세탁된 옷을 입은 아이들은 몽당연필을 쥐고 공책에 무언가를 열심히 쓰고 있었다.

호기심이 생긴 기자는 가까이 다가가 아이들이 무엇을 쓰고 있는지 슬쩍 보았다. 공책 맨 윗줄에는 삐뚤삐뚤한 필체로 '감사 편지'라는 글씨가 적혀 있었다. 기자가 무엇이냐고 묻자, 아이들은 기쁜 얼굴로 자신들이 쓴 글을 보여주었다.

'향기로운 꽃에 고맙습니다.'

'푸른 하늘에 고맙습니다.'

'크고 단 열매를 맺어준 사과나무에게 고맙습니다.'

'둘째 형에게 고맙습니다. 제게 산수를 가르쳐줬거든요.'

'맛있는 만두를 만들어주신 엄마께 감사합니다.'

기자는 깜짝 놀라면서도 깊은 감동을 느꼈다. 그는 해맑게 웃는 아이들의 얼굴을 보며, 행복은 감사할 줄 아는 마음에서 비롯된다는 사실을 다시 한 번 확인했다.

미국 미시간대학교 연구센터는 수천 명을 대상으로 10여 년간 추적 조사를 진행했다. 그 결과, 감사하는 마음을 가진 사람은 생활만족도가 높고 평균수명이 긴 것으로 나타났다. 반대로 감사의 마음이 없는 사람은 인간관계에서 많은 문제를 겪으며 비교적 고독하게 살았고, 조기 사망률도 1.5배 이상 높았다.

감사는 삶의 질을 높인다. 길러주신 부모께 감사하고 스승의 가르침에 감사하며 배우자의 사랑과 친구의 우정에 감사하는 것은 우리의 삶을 한층 더 빛나게 한다. 사실, 감사는 어려운 것이 아니다. 오늘 하루를 무사히 보낸 것도, 할 일이 있는 것도, 어디 한군데 아픈 곳 없이 건강한 것도, 함께할 가족과 친구가 있는 것도 모두 감사할 거리다. 감사하는 마음만 있다면 이 모든 것을 행복으로 누릴 수 있다. 또한 감사하는 마음을 가질 때 우리는 비로소 진실하게 살아가며 열정적으로 남을 돕고 순수하게 사랑을 받아들일 수 있다. 감사는 이 세상을 아름답게 만드는 마법의 주문이다.

▼

Happiness Studies at Harvard

감사가 습관이 되면 우리는 인생의 아름다움을 훨씬 많이 발견할 수 있으며, 또한 그것을 당연하게 생각하지 않을 수 있다.

----------- ★ -----------

행복은 항상 주변에 있다

----------- ★ -----------

감사할 줄 모르는 사람은 걱정과 고민이라는 덫에서 결코 자유롭지 못하다. 그래서 근본적으로 모든 걱정과 고민은 자신이 자초한 것이나 다름없다. 스스로 만든 덫에 걸려 앞으로 나아가지도, 뒤로 물러서지도 못한 채 근심과 분노에 얽매여 사는 사람이 얼마나 많은가. 이들에게 필요한 것은 삶의 수많은 감사거리를 발견하고 감사할 줄 아는 마음이다. 조금만 생각을 바꾸면 우리 주변에는 온통 감사할 이유가 넘쳐난다. 어머니가 끓여주신 된장찌개, 아버지가 슬며시 주신 용돈, 나를 배려해서 우리 집과 가까운 곳으로 약속 장소를 잡은 친구들, 배우자가 깜짝 선물로 준비한 영화표 두 장……. 모두 사소하지만 충분히 감동적이고 감사한 일이다.

인생이 삭막해 보인다면 이는 곧 마음이 삭막하다는 뜻이다. 사람은 자신의 마음 상태대로 세상을 보기 때문이다. 무감각과 삭막함이 습관이 되고, 마음의 본질을 무시한 채 오랜 시간이 흐르면 결국 누구든 불행해질 수밖에 없다. 바로 곁에 있는 행복도 보지 못하면서 아직 오지 않은 미래, 혹은 아직 손이 닿지 않은 먼 곳의 행복을 어떻게 잡을 수 있겠는가?

가정주부 벨라는 집안 살림을 돌보고 더러운 옷을 빨고 가족의 식사를 챙기는 데 반평생을 바쳤다. 하지만 그녀는 자신의 수고와 헌신이 마땅한 인정을 받지 못하는 것 같아 늘 섭섭했다. 사실, 대단한 보답을 바라는 것도 아니었다. 그저 '고맙다'는 한마디나 작은 선물이면 족했다.

어느 날, 벨라는 참지 못하고 남편에게 물었다.

"만약 내가 죽으면 당신은 나를 위해 꽃을 살 건가요?"

테이블을 정리하고 있던 남편은 일말의 주저함도 없이 대답했다.

"아니, 안 살 거야."

벨라는 벌컥 화를 냈다.

"뭐라고요? 나는 평생 우리 가족을 위해 고생하고 헌신했는데, 죽고 나서 꽃 한 송이도 못 사줘요?"

남편이 침착하게 말했다.

"여보, 당신이 죽고 난 뒤에 수만 송이 꽃이 다 무슨 소용이야? 한 송이라도 당신이 살아 있을 때 사주는 게 낫지! 내일 내가 퇴근할 때 꽃 한 다발 사올게. 어때?"

벨라는 순식간에 화가 풀렸다. 그리고 자신의 삶도 그리 나쁘지는 않다는 생각에 슬며시 미소를 지었다.

그렇다. 행복은 항상 주변에 있다. 다만, 우리가 내면의 부박함과 불만에 눈이 가리어 바로 곁에 있는 행복을 보지 못하고 엉뚱한 곳에서 헤맬 뿐이다. 일이 마음처럼 풀리지 않고 인생이 답답할 때, 다른 사람을 탓하기 전에 자기 자신부터 돌아보자. 나는 정말로 감사하고 있는가?

세계적인 석학 스티븐 호킹은 루게릭병 환자다. 불편한 몸 때문에 30여 년을 휠체어 위에서 보냈지만 그는 감사의 마음을 잊지 않았다.

"나의 손은 아직 움직이고 나의 머리는 아직 사고한다. 또한 내게는 평생 좇을 꿈이 있으며, 내가 사랑하고 나를 사랑해주는 가족과 친구들이 있다. 그래서 나는 감사하다."

감사의 마음을 가진 사람은 어려운 환경 속에서도 모든 곳에서 행복의 그림자를 찾아낸다. 그래서 이들이야말로 진정으로 행복한 사람이다.

어떤 사람이 부처에게 물었다.

"내가 슬플 때면 왜 항상 눈이 올까요?"

부처가 대답했다.

"겨울이 지나가면서 기억을 남기는 것이다."

"그럼 왜 눈은 항상 내가 알지 못하는 한밤중에 내릴까요?"

"사람들은 항상 알지 못하는 순간에 수많은 아름다움을 놓치기 때문이다."

"왜 다른 곳에는 눈이 내리는데 내가 있는 데는 내리지 않을까요?"

"다른 곳의 풍경을 부러워하지 마라. 바로 그대 곁에 있는 풍경이 가장 아름다운 것이다."

행복은 자연스레 존재한다. 행복은 우리 주변을 둘러싸고 있으며, 손을 뻗으면 닿을 만큼 가까운 곳에 있기에 조금만 주의를 기울인다면 얼마든지 누릴 수 있다. 그러나 남을 원망하고 운명을 저주하며 불평불만에 빠지면 바로 눈앞에 있던 행복도 연기처럼 사라지고 만다.

삶은 언제나 아름답고 행복은 어느 곳에나 있다. 행복을 누리고 싶은가? 그렇다면 먼저 지금 가진 모든 것과 지금의 생활에 감사하는 마음을 가지자. 감사하는 사람만이 행복을 발견할 수 있다.

▼

Happiness Studies at Harvard

러시아의 대작가 안톤 체호프(Anton Pavlovich Chekhov)는 말했다.

"가시에 손가락을 찔렸다면 그 가시가 눈을 찌르지 않았음을 감사하라. 성냥이 호주머니 속에서 불이 붙어 타버렸다면 호주머니가 화약고가 아니었음을 감사하라."

똑같은 문제도 시각을 조금만 달리하면 불쾌함이 기쁨으로, 불만이 감사함으로 변한다. 행복은 그렇게 얻어가는 것이다.

감사는 표현할 때 진짜 감사가 된다

샤하르는 언제나 현재를 소중히 여기고 늘 감사해야 한다고 역설한다. 이를 위해 그는 '감사 노트'를 만들라고 권한다. 매일 저녁 잠들기 전, 그날 하루를 돌아보며 감사함의 대상을 다섯 가지 정도 노트에 적는 것이다. 대상은 공기가 될 수도 있고 맛있는 식사나 가족, 혹은 낯선 사람이 될 수도 있다. 단 몇 글자를 적더라도 감사할 대상을 생각하고 글로 구체화하는 습관을 꾸준히 들이면 긍정적이고 낙관적인 생활 태도를 가지는 데 매우 큰 도움이 된다. 이는 행복으로 한 걸음 더 나아가는 길이기도 하다. 실제로 샤하르는 한 강의에서 자신의 '감사 노트'를 꺼내 어느 하루의 감사 대상을 소개했다.

'하나님, 가정, 자녀, 부인, 점심 식사……'

우리는 사회라는 대가정의 일원이며 자연의 일부분이다. 그래서 언제 어디서든 또 어떤 사람에게 어떤 도움을 받든 늘 감사한 마음을 품어야 한다. 그런데 감사할 줄 아는 것만큼 중요한 점이 또 있다. 바로 그 감사한 마음을 수시로 표현하는 것이다. 감사는 입 밖으로 소리 내어 말할 때 더 분명해진다. 이는 그리 어려운 일도 아니다. 하지만 많은 사람이 이 단순한 행동 한 가지를 하지 못해서 오해를 만들고 섭섭함을 키운다. 심지어 최악의 경우, 고맙다고 말하기는커녕 남이 자신에게 뻗어준 도움의 손길을 당연하다고 생각한다.

감사하다고 말하는 것은 상대방을 존중하는 것이기도 하다. 남이 베푸는 호의나 헌신을 당연하게 생각해서는 안 된다. 그래서 감사에 인색한 사람은 원만한 인간관계를 맺기가 어렵다. 다른 사람과 더불어 살지 못하는 사람이 인생에서 진정한 성공을 거둘 리 만무하다. 그렇기에 감사를 느끼지도, 표현하지도 않는 것은 자기 인생을 스스로 실패로 몰아넣는 치명적 실수다.

한 외국계 기업에서 직원을 채용했다. 공석은 단 한 자리뿐이었는데 1, 2차 면접을 거친 후에도 다섯 명의 지원자가 남았다. 인사과 책임자는 이들에게 3일 안에 최종 결과를 알려주겠노라고 통보했다. 지원자들은 각자 집으로 돌아가 초조한 마음으로 결과를 기다렸다.
다음 날, 한 여성 지원자는 회사로부터 이메일을 받았다.
'우리 회사에 지원해주셔서 감사합니다. 안타깝게도 귀하는 이번에 채용되지 않으셨습니다. 인원 제한으로 인해 귀하처럼 재능 있고 뛰어난 인재를 모시지 못하게 된 점 매우 애석하게 생각합니다. 귀하의 서류는 빠른 시일 안에 우편으로 보내드리겠습니다. 앞으로 하시는 모든 일이 잘되길 기원합니다. 감사합니다.'

그녀는 마음이 아팠지만 한편으로는 메일에 담긴 진심 어린 위로에 감동을 받았다. 그래서 짧은 감사 메일을 써 보냈다.

그런데 사흘째 되던 날, 그녀는 뜻밖에도 회사로부터 합격을 알리는 전화를 받았다. 사실, 그녀가 받은 불합격 통지 메일은 마지막 시험이었다. 다섯 명의 지원자 모두 그녀와 같은 메일을 받았던 것이다. 그러나 감사 메일을 보낸 사람은 그녀 한 사람뿐이었다. 어떠한 상황에서도 감사할 줄 알고, 또 그 감사를 표현할 줄 아는 사람이 결국 가장 두각을 드러낸 것이다.

샤하르가 말했다.

"큰일이든 작은 일이든 우리 주변에는 감사할 만한 일이 넘쳐난다. 풍성한 저녁 식사, 오랫동안 보지 못했던 친구와의 반가운 만남과 즐거운 대화, 순조롭게 흘러가는 직장생활, 마음속에서 흔들리지 않는 신앙. 이 모든 것을 감사의 마음으로 '감사 노트'에 적다 보면 감사하는 것 자체가 습관이 된다. 그러면 매 순간 생활 속 아름다움을 소중히 여기면서도 그것을 당연하게 생각하지 않는 사람이 될 수 있다."

진심으로 감사하고, 항상 감사한 마음으로 세상을 대하자. 감사하는 습관을 들이는 동시에 감사한 사람들에게 '고맙다'는 말을 할 수 있는 사람이 되자. 감사는 표현할 때 비로소 더 큰 힘을 발휘한다.

"비관주의자의 눈에는 항상 모자란 점만 보이고, 낙관주의자의 눈에는 늘 긍정적인 면만 보인다."

감사하는 마음을 가진 사람만이 이 세계의 참된 아름다움을 발견하고 그것을 소중히 여길 수 있다.

무탈한 하루에 감사하라

잃어버리기 전까지는 소중함을 깨닫지 못하는 것들이 있다. 건강이 그렇고, 아무 일 없이 조용히 지나가는 하루가 그렇다. 그런데 사람은 어리석게도 행복보다는 불행에, 평안함보다는 불안함에 더 민감하다. 그래서 불행이 닥치고 생활이 불안함에 휩싸이면 신경질적으로 반응하며 운명을 원망하지만, 정작 평안하고 행복한 때에는 이를 당연하게 생각하고 아무것도 느끼지 못한다. 그러다 이 '당연한' 평안함과 행복이 깨지면 그제야 비로소 그것이 얼마나 소중한 선물이었는지를 깨닫는다.

평안함은 축복이다. 물론 이 사실을 모르는 사람은 없다. 그러나 다들 머리로만 알 뿐, 가슴으로 절감하지는 못한다. 그래서 조용하고 평안한 나날이 지속될 때 그 속에서 진정한 행복을 찾고 누리는 사람은 손에 꼽을 만큼 적다. 오히려 사는 것이 재미가 없다고, 혹은 감동거리나 낭만적인 일이 없다고 불평한다. 아무 일 없이 평범하고 안녕한 하루야말로 최고의 축복이요 진정한 행복이다. 그런데 왜 우리는 오늘 하루를 무사히 보낸 것에 대해 감사하지 않는 걸까?

소피아는 오랫동안 자신이 행복하다는 자각 없이 살았다. 하루하루가 늘 비슷했고, 감정적으로 격앙되거나 드라마틱한 사건이 벌어지는 일도 거의 없었다. 평소 그녀의 표현대로 '물 흐르듯 조용히 흘러가는 생활'이었다. 그렇게 아무 일도 없는 나날이 이어지다 보니 언젠가부터 바람 잘 날 없는 친구들의 삶이 부러워졌다. 심지어 뭔가 일이 벌어져야만 인생에 의미가 있다는 생각마저 들었다.

그러던 어느 날, 소피아는 친한 친구의 사고 소식을 듣고 헐레벌떡 병원으로 달려갔다. 친구는 다행히 목숨에 지장은 없었지만 꼬박 두 달을 침대에 누워 있어야 할 만큼의 중상이었다. 창백한 얼굴로 말도 제대로 하지 못하며 힘들어하는 친구를 보고 있자니 소피아는 마음이 너무 아프면서 한편으로는 만감이 교차했다.

병원을 나서는 길, 소피아는 고개를 들어 하늘을 올려다봤다. 문득 자신은 매우 행복한 사람이라는 생각이 들었다. 어느 한군데 아픈 곳 없이 걷고, 뛰고, 가고 싶은 곳을 자유롭게 가고, 먹고 싶은 것을 마음껏 먹을 수 있으니 얼마나 행복한가! 소피아는 무탈한 나날을 보내는 것이 얼마나 감사하고 행복한 일인지 깨달았다.

대개의 경우, 우리는 행복하지 않아서가 아니라 행복을 발견하지 못해서 불행하다. 행복은 바로 우리 생활 속에 있다. 인파와 차량이 붐비는 도시에 살면서 아무런 사고 없이 하루를 보내는 것도, 매일 일을 마치고 집으로 돌아와 가족과 담소를 나누며 따뜻한 차를 나눠 마시는 것도, 음악을 듣고 책을 읽으며 여유 있게 주말을 보내는 것도 모두 행복이다. 매일 신선하고 자극적인 일이 벌어지지 않아도 그저 평화롭고 평범하게 세월이 흐르는 것만으로도 우리는 이미 행복한 사람인 것이다. 욕심을 조금만 덜어내고 자신의 주변에 조금만 주의를 기울인다면 누구나 평안함의 가치와 거기서 비롯되는 행복을 누릴 수 있다.

아무리 대비하고 준비해도 재난은 부지불식간에 덮쳐온다. 그것은 예측할 수도, 막을 수도 없다. 사람은 이처럼 재난이 삶을 뒤흔들고 난 뒤에야 비로소 평화로움의 소중함을 깨닫는다. 재난은 또한 평범한 하루를 보내고 있는 이에게 지금의 평안과 건강을 소중히 여기고 감사해야 한다는 교훈을 준다.

건강을 잃고 병원에 누워 있을 때나 예기치 못한 재난으로 고단한 하루를 보낼 때, 사람들이 가장 원하고 그리워하는 것은 바로 평범한 일상이다. 아무것도 잃어버리지 않았음에도 평범한 하루의 가치를 깨닫고 누린다면 그처럼 축복된 일도 없을 것이다. 그러니 오늘 하루가 평범하게 지나갔다면 지루하다고 불평하는 대신 무사히 하루를 보냈음에 감사하라. 이것이야말로 진정한 행복이다.

철학자 루소는 말했다.

"감사할 줄 모르는 것은 진정한 미덕이 없는 것과 같다."

감사는 마음의 평안을 얻게 하며 삶을 더욱 풍성하게 만든다. 현재의 평범하고 평안한 생활에 감사한다면 우리는 매일을 웃으며 보낼 수 있다. 평안은 행복과 건강, 기쁨을 의미하기 때문이다.

★

사소한 행복들이 진짜 행복이다

★

많은 사람이 행복에 대해 잘못된 정의를 내리고 살아간다. 진정한 행복이 무엇인지, 자신을 행복하게 만드는 것이 무엇인지 정확히 알지 못하는 것이다. 그렇다 보니 일상생활에서 쉽게 느낄 수 있는 작은 행복도 놓치는 경우가 대부분이다. 또한 어쩌다 작은 행복을 느낀다고 해도 그것에 별 의미를 두지 않는다. 사소하다고 생각하기 때문이다. 그러나 이들이 간과하는 것이 있으니, 바로 작디작은 행복도 하나둘씩 쌓이면 일생을 따뜻하게 밝혀주는 큰 행복이 된다는 사실이다.

그렇다면 '작은 행복'이란 무엇일까? 중국 작가 린위탕(林語堂)은 "행복이란 자기 침대에서 자고, 부모님이 해주신 밥을 먹으며, 배우자의 다정한 말을 듣고, 자녀들과 어울려 놀 수 있는 것이다"라고 말했다. 그런가 하면 중국의 원로작가 웨이웨이(魏巍)는 이렇게 표현했다.

'새벽 첫차를 타고 일하러 갈 때, 쟁기를 들고 밭으로 향할 때, 따뜻한 콩국 한 그릇을 쭉 들이킬 때, 책가방을 메고 학교에 갈 때, 사무실 책상 앞에 앉아 하루의 계획을 세울 때, 어여쁜 자녀의 입에 사과 한 조각을 넣어줄 때, 배우자와 함께 한가로이 산책할 때……. 친구여, 자네는 진정으로 행복한 사람임을 느끼지 못한다는 말인가?'

행복은 단순하다. 아무런 조건도 이유도 없이, 우리 곁에서 언제나 발견할 수 있다. 늦은 오후 손을 잡고 공원을 산책하는 어느 노부부의 어깨 위에, 하루 일과를 마치고 시원하게 마시는 차가운 맥주 거품 속에, 작게 코를 골며 곤히 잠든 아이의 머리맡에, 조용한 밤 향긋한 차를 마시며 읽는 재미난 소설책 갈피 사이에, 지친 일상을 활기차게 만들어주는 친구와의 다정한 대화 중에……. 작지만 분명한 행복이 그곳에서 우리를 기다린다.

작은 행복에 감사하는 삶이란 얼마나 아름다운가! 우리에게 진정으로 필요한 것은 대단한 사건이나 큰 기쁨이 아니다. 시끌벅적하고 왁자지껄한 드라마도 필요 없다. 평범한 생활 속에서 자유롭고 홀가분하며 유쾌한 기분을 느낀다면 당신은 이미 행복의 진수를 맛보고 있음이다. 다만, 일상의 행복은 따로따로 흩어진 구슬과 같기 때문에 하나하나 주워서 감사라는 실로 엮어야 비로소 빛을 발한다. 지금부터 주의 깊게 자신의 주변에 흩어진 작은 행복이라는 구슬을 찾아보자.

감사할 줄 아는 사람은 주변의 작은 행복을 엮어 큰 행복으로 만드는 법을 잘 아는 사람이다.

진정한 행복의 정수, 나눔

환경운동가이자 해양생물학자인 레이첼 카슨(Rachel Carson)은 나눔에 대해 이렇게 말했다.

"좋은 커피도 친구와 마셔야 향기롭고 좋은 기회도 친구와 나눠야 기쁘다. 마찬가지로 우리는 우리의 지구를 다른 생명들과 함께 공유할 수 있어야 한다."

인생에는 나눔이 필요하다. 기쁨이든 슬픔이든 다른 사람과 나눠야 한다. 흔히 하는 말로 기쁨은 나누면 두 배가 되고 슬픔은 나누면 반이 된다고 하지 않던가! 나눔이 없는 인생은 기쁠 때든 슬플 때든 똑같이 홀로 벌을 받는 것과 같다.

거금을 들여 멋진 집을 지었다고 하자. 그런데 만약 창문이 한 개도 없다면 어떨까? 겉보기에 아무리 화려하고 대단해도 그 집을 사려는 사람은 없을 것이다. 게다가 만약 집에도 감정이 있다면 외롭고,

답답하고, 고립됐다고 느낄 것이다. 마찬가지로 인생에도 외부세계와 공유하는 창문 하나쯤은 있어야 한다. 그래야 어떤 상황에 처하든 혼자 좌절하거나 쓰러지지 않고 다시 일어나 행복을 찾을 힘을 얻을 수 있기 때문이다.

골프를 매우 좋아하는 유대교 신자가 있었다. 그런데 어느 안식일 날, 하필이면 그날따라 골프를 치고 싶어 견딜 수가 없었다. 유대교의 엄격한 교리에 따르면 안식일에는 쉬는 것 외에 아무 일도 할 수 없었다. 하지만 그는 결국 유혹을 이기지 못하고 딱 아홉 홀만 치고 오겠다는 생각으로 몰래 골프장으로 향했다.

안식일이어서 그런지 골프장은 텅 비어 있었다. 그 덕분에 자신이 교리를 위반했다는 사실을 아무도 모를 것이라고 생각한 그는 더욱 신이 나서 골프를 쳤다. 그런데 마침 천사가 그 장면을 보고 말았다. 화가 난 천사는 신에게 달려가 모든 것을 고했고, 신은 안식일을 어긴 그에게 벌을 내리기로 했다.

1번, 2번 홀은 평소와 비슷한 스코어로 흘러갔다. 그런데 3번 홀부터 갑자기 굉장한 스코어가 나기 시작했다. 마침내 마지막 9번 홀까지 쳤을 때, 그는 자신이 골프를 시작한 이래로 가장 높은 점수를 냈음을 깨달았다. 심지어 프로 선수들도 꿈에 그리는 그런 스코어였다. 그는 말로 표현할 수 없는 기쁨에 팔짝팔짝 뛰었다. 그 모습을 본 천사가 이해할 수 없다는 듯 신에게 물었다.

"신이시여, 저 사람에게 벌을 내리신다고 하지 않으셨습니까? 그런데 저게 벌인가요?"

신이 웃으며 대답했다.

"물론 벌이지. 그는 생애 최고의 점수를, 그것도 누구나 놀랄 만한 성적을 거두었다. 하지만 안식일 규례를 어기고 몰래 나왔기 때문에 그 사실을 그 누구에게도 자랑할 수 없지! 그것만큼 큰 벌이 또 어디 있겠느냐?"

일상생활에서도 나눔은 매우 중요하다. 타인과 공감하고 같은 감정을 나눌 때 우리는 비로소 더 넓고 행복한 세계를 만날 수 있다. 하지만 홀로 문을 걸어 잠그고 모든 것을 '독식'하는 사람은 결국 고인 물처럼 생활하게 된다. 생명의 기운이라고는 전혀 없이, 오직 썩어가는 냄새와 우울함만이 가득한 그런 생활 말이다.

혼자서는 아무리 재미있는 곳에 가도 흥이 나지 않는다. 노래방에 가도 곁에서 함께 노래를 부르며 박수를 쳐줄 친구가 없으면 재미가 없다. 영화를 홀로 보는 것도 좋지만, 영화를 보고 난 뒤 함께 이러쿵저러쿵 감상평을 나눌 일행이 있다면 즐거움은 배가된다. 우리는 가끔 혼자 있기를 바란다. 하지만 늘 혼자이기를 바라지는 않는다. 사람은 어쨌든 사회적 존재이고, 누군가와 더불어 살아야 하기 때문이다.

벨 여사는 매우 부유했다. 그녀는 매우 크고 아름다운 정원을 가지고 있었는데, 많은 사람이 이 정원을 찾아와 휴식을 취했다. 젊은 이들은 푸른 풀밭에 앉아 햇볕을 쬐었고, 아이들은 꽃밭에서 나비를 쫓았으며, 노인들은 정원의 작은 연못가에 앉아 낚싯대를 드리웠다. 심지어 텐트까지 챙겨 와서 여름밤의 정취를 즐기는 사람도 있었다.

하지만 벨 여사는 사람들이 자신의 정원에서 노닥이는 것이 영 마음에 들지 않았다. 그녀는 이런저런 방법을 궁리한 끝에 좋은 수를 떠올렸다. 그리고 하인을 시켜 다음과 같이 적힌 팻말을 정원 앞에 내걸도록 했다.

'정원에 오신 여러분을 환영합니다. 여러분의 안전을 위해 한 가지 알려드립니다. 얼마 전부터 꽃 덤불 근처에서 종종 독사가 발견되고 있습니다. 만약 물릴 경우, 30분 안에 응급 처치를 하지 않으면 목숨을 잃을 수도 있는 아주 위험한 독사입니다. 참고로, 이곳에서 가장 가까운 병원은 차로 50분 거리에 있습니다. 감사합니다.'

효과는 금방 나타났다. 정중하면서도 무시무시한 내용이 담긴 팻말을 본 사람들이 정원에 발길을 뚝 끊은 것이다.

한동안 벨 여사는 인적이 사라진 정원을 내려다보며 매우 만족했다. 그런데 사람들이 더 이상 찾아오지 않자, 정원에는 조금씩 잡초 덤불이 우거지기 시작했다. 그렇게 몇 년이 흘렀다. 정원은 어느새 원래의 화사한 모습을 잃고 완전한 숲이 되어버렸다. 그리고 그녀가 허풍으로 했던 말도 사실이 되었다. 숲으로 변한 정원에 독사가 기어 다니기 시작한 것이다. 그녀는 홀로 고독하고 외롭게 정원을 지켰다. 과거에 그곳을 가득 메웠던 수많은 사람을 조용히 추억하면서……

사람은 누구나 마음속에 아름다운 정원이 있다. 이 정원을 다른 사람과 기꺼이 공유하면 여러 사람이 찾아와 그곳에 기쁨의 씨앗을 심어주고, 정원은 더욱 윤택해진다. 이로써 우리 마음의 정원은 영원히 황폐하지 않고 아름다울 수 있다. 함께 감정을 공유하고 나눌 사람이 한 사람만 있어도 그 인생은 충분히 행복하다고 말할 수 있는 것이다.

▼

Happiness Studies at Harvard

하버드대학교의 행복학 강의에서는 나눔의 중요성을 특별히 강조한다. 또한 나눔이 없으면 어떠한 감정이든 메마르게 되며, 어떠한 재물도 결국 그 가치를 잃게 된다고 가르친다. 성공은 다른 사람과 나눌 때 비로소 의미를 갖고 기쁨 또한 함께 공유할 때 오래도록 지속될 수 있다. 삶 속에서 나눔을 실천하라!

나눔과 공감으로 사람답게 살라

2007년, 하버드대학교는 30년 만에 처음으로 대대적인 학과 개편을 진행하고 8개 과목을 신설했다. 하버드 출신의 인재들이 다양한 가치관과 풍습, 제도를 이해하고 미국의 '편협한 관념'을 극복할 수 있도록 돕는 데 목적을 둔 과목들이었다.

인생에서도 편협한 관념을 극복하는 것은 매우 중요하다. 현대사회의 환경은 매우 복잡하며 끊임없이 변화한다. 그 안에 살면서 자신의 편협함을 버리지 않고 주변의 모든 것을 수동적으로 받아들이기만 하면 결국은 심리적 피로뿐만 아니라 무감각, 냉소 등에 사로잡히게 된다. 더 큰 문제는 이런 '편협한 관념의 계곡'에 빠질 경우, 자기중심주의와 이기주의의 노예가 될 수 있다는 점이다.

매우 독실하고 사이좋은 신도 두 명이 함께 성스러운 산으로 성지순례를 떠났다. 두 사람은 배낭을 메고 담소를 나누며 길을 걷다가 우연히 백발의 성자와 마주쳤다. 두 신도의 신실함에 감동한 성자가 말했다.

"그대들에게 선물을 주고 싶소. 먼저 한 사람의 소원을 들어주고 다른 한 사람에게는 그 소원의 두 배를 이루어줄 테니, 소원을 말해 보시오."

신도 한 사람이 속으로 중얼거렸다.

'정말 좋은 기회가 아닌가! 하지만 내가 먼저 말하지는 말아야지. 저 친구가 두 배의 선물을 받게 할 수는 없잖아?'

다른 한 사람도 똑같은 생각에 빠졌다.

'저 친구부터 말하라고 해야겠다. 기왕이면 내가 두 배로 받는 게 낫잖아!'

두 사람은 짐짓 자신이 양보하는 척하며 서로에게 먼저 말할 기회를 미뤘다. 그러나 대화가 오갈수록 점점 언성이 높아지더니 마침내 싸우기 시작했다. 감정이 격해질 대로 격해진 상황에서 한 사람이 화를 참지 못하고 고래고래 소리를 질렀다.

"이런 눈치 없는 자식! 내 소원은 네 놈의 눈 한쪽이 멀어버리는 것이다!"

그 순간, 그 말을 들은 신도의 한쪽 눈이 멀어버렸다. 그리고 그 소원을 내뱉은 신도는 양쪽 눈이 모두 멀어 시각장애인이 되어버렸다.

이 신도들에게 욕심과 시기심이 없었더라면 얼마나 좋았을까? 하지만 이들은 편협함에 빠져서 마음의 지혜를 잃어버렸다. 그 결과 생애 한 번 얻기도 힘든 좋은 기회를 놓쳤을 뿐만 아니라 '축복'을 '저주'로, '친구'를 '원수'로 바꿔버렸다.

'태산은 한 줌의 흙을 거절하지 않고 받아들여 더욱 높아지고, 강은 시냇물을 고르지 않음으로 더욱 깊고 넓어진다'는 말이 있다. 만약 만물이 모두 편협하고 이기적이라면 이 세상은 얼마나 추하고 비열하게 변하겠는가!

편협함과 이기심에 빠진 사람은 남과 나누지도, 공감하지도 못함으로써 자신의 삶을 더욱 깊은 어둠의 골짜기로 몰아간다. 그렇기 때문에 욕심과 편협함에서 벗어나 자신이 먼저 능동적으로 베풀고 나눠야 한다. 그래야 나눔의 진정한 힘을 체험하고 이기주의의 덫에서 빠져나올 수 있다.

한 여행자가 사막 한가운데서 길을 잃었다. 그는 타는 목마름에 괴로워하며 무거운 발걸음을 겨우 떼었다. 한참을 걷다 희망이 사라질 무렵, 그는 버려진 작은 집을 발견했다. 놀랍게도 집 앞에는 물을 길어 올리는 펌프가 있었다. 여행자는 기뻐하며 달려가 마지막 힘을 다해 열심히 펌프질을 했다. 하지만 물은 나오지 않았다. 절망에 빠진 그는 망연하게 주변을 돌아보다가 밀봉된 물주전자를 발견했다. 주전자에는 다음과 같이 쓰인 쪽지가 붙어 있었다.

'먼저 이 주전자의 물을 펌프기 속에 부으시오. 그래야 물을 퍼 올릴 수 있습니다.'

여행자는 심각한 고민에 빠졌다. 쪽지에 쓰인 대로 물을 붓고 펌프질을 했는데도 물이 나오지 않으면 어찌한단 말인가? 지금 당장 마실 수 있는 물을 헛되이 버리는 꼴이 되지 않겠는가?

그때, 신비한 힘이 그를 움직였다. 그는 결심한 듯 주전자의 물을 모두 펌프기 안에 쏟아넣었다. 그리고 온 힘을 다해 다시 펌프질을 했다. 그런데 이게 웬일인가! 펌프기에서 달고 시원한 물이 콸콸 쏟아지기 시작했다. 그는 물을 실컷 마시고 수통에도 가득 채웠다. 그리고 주전자에 물을 한가득 채워놓은 뒤, 쪽지에 몇 마디를 덧붙여 썼다.

'저를 믿어주십시오. 이 쪽지에 쓰인 말은 사실입니다. 마음의 편협한 생각을 버릴 때, 비로소 달고 시원한 물을 맛볼 수 있습니다.'

자신의 이기심과 편협함을 보지 못하면서 무조건 이 세상과 사회가 잘못됐다고, 혹은 남이 잘못이라고 불평불만을 늘어놓는 것은 인생을 더욱 침울하고 어둡게 만든다. 희생과 헌신을 모르고 나눔과 공감의 미덕을 모르는 사람은 언제나 메마른 마음으로 살 수밖에 없다는 사실을 기억하자.

▼
마음이 넓으면 만물을 품을 수 있지만 마음이 좁으면 모래 한 톨도 받아들이지 못한다. 그래서 이기심과 편협함은 인생을 폐쇄적이고 외로운 감옥으로 만드는 가장 큰 원흉이다.

---- ★ ----

자기 행복만 탐하면 영원히 행복해질 수 없다

---- ★ ----

미국의 유명한 현대무용가 이사도라 덩컨(Isadora Duncan)은 "이기주의자는 자기 이익을 챙길 뿐만 아니라 다른 사람의 이익을 무시하는 사람이다"라고 했다. 자기중심적인 사람은 항상 자신이 얼마나 많은 이득을 얻을 수 있을지를 계산하며 최대한 많은 이윤을 얻어내려고 머리를 굴린다. 게다가 자기 자신을 위한 일이라면 남의 것에도 거리낌 없이 손을 댄다. 그런 의미에서 보면 덩컨은 정확한 말을 한 셈이다.

어떤 사람은 이타적으로 살면 결국 자신만 손해를 본다는 생각에 남에게 베푸는 것을 주저한다. 하지만 실상은 그렇지 않다. 특히 사랑은 먼저 아낌없이 베풀 때 비로소 더 큰 우정과 사랑이 되어 돌아온다. 또한 선의를 갖고 다른 사람의 입장에서 생각하고 배려할 때 우리는 삶 속에서 더 많은 보람과 기쁨을 찾을 수 있다.

학업 성적이 아주 우수한 학생이 있었다. 그는 매우 교만해서 늘 다른 사람을 무시했다. 같은 반 학우가 일부러 찾아와 질문을 해도 대답조차 하지 않았다. 당연히 평소 학교생활에서도 다른 친구들과 거의 어울리거나 협동하지 않았다. 담임선생님은 어느 날 그를 불러 친구들과 어울리지 않는 이유를 물었다.

"애들은 항상 제게 와서 이건 어떻게 풀어야 하냐, 저건 무슨 뜻이냐 물어요. 제가 혼자 열심히 공부해서 얻은 지식을 왜 그 녀석들한테 공짜로 알려줘야 하나요? 자기네들도 알아서 공부해야지요!"

그가 부루퉁한 얼굴로 투덜대자 선생님이 초 하나를 꺼냈다.

"이 초에 불을 붙여보겠니?"

그는 초에 불을 붙였다. 그러자 선생님은 초 몇 개를 더 꺼내어 그에게 내밀었다.

"자, 이제 첫 번째 초에 붙인 불로 다른 초들에 불을 붙여보렴."

이번에도 그는 잠자코 선생님의 말씀을 따랐다. 그 모습을 보던 선생님이 살포시 웃으며 말했다.

"이 초들의 불은 첫 번째 초의 불을 옮겨 붙인 것이지? 그런데 한번 보렴. 첫 번째 초의 불이 꺼지거나 줄어들었니?"

"아니요."

"너의 지식도 이 촛불과 같단다. 다른 친구들과 공유하고 나눈다고 해서 없어지거나 사라지지 않아. 오히려 지식을 나눔으로써 너는 친구와 우정이라는 새로운 선물을 얻게 되고, 더 큰 기쁨과 만족을 느낄 수 있단다. 어때? 이게 더 좋지 않겠니?"

그날 이후, 그는 조금씩 반 학우들에게 먼저 다가가 말을 걸고 공부를 도와주었다. 시간이 흐를수록 그의 곁에는 친구가 점점 더 많아졌고, 그는 예전보다 훨씬 즐겁고 행복한 학교생활을 하게 되었다.

다른 사람에게 기쁨을 주면 자기 자신도 기쁨을 얻는다. 누군가가 슬퍼하며 눈물을 흘리는데 뭐라고 위로해야 할지 알 수 없다면 그저 조용히 그의 곁을 지켜주어라. 단지 함께 있어주는 것만으로도 슬픈 이에게는 충분한 위로가 되기 때문이다. 누군가가 외로움과 쓸쓸함에 몸을 떨고 있다면 잠시 하던 일을 내려놓고 말동무가 되어주어라. 온정을 베푸는 데 인색하지 말고 아낌없이 나누라는 뜻이다. 타인에게 관심과 사랑을 건넨다고 해서 자신이 손해 볼 일은 없다. 사랑을 나누면 줄어들기는커녕 오히려 몇 배의 사랑과 행복이 되어 돌아온다. 그래서 베풂은 삶의 수준을 한 단계 높이는 비밀이다.

어느 마을에 아주 인색한 부자가 살았다. 그는 남에게 동전 한 푼 그냥 준 일이 없을 정도로 매우 인색했다. 하지만 어쩐 일인지 아무리 돈을 긁어모아도 마음은 전혀 행복하지 않았다.

어느 날, 부자는 어느 산에 마시기만 하면 행복해지는 샘물이 있다는 소문을 들었다. 그는 기뻐하며 커다란 물통을 들고 당장 그 산을 찾아갔다. 가던 길에 우연히 만난 마음씨 좋은 노인은 길을 가르쳐주며 이런 말을 덧붙였다.

"한 가지만 기억하시오. 물을 떠서 돌아가면 반드시 주변 이웃과 나눠 마셔야 하오."

부자는 금방 행복의 샘물을 찾았다. 물통 가득 샘물을 담은 그는 노인의 말은 새까맣게 무시한 채 누가 알세라 몰래 집으로 들어갔다. 처음부터 다른 사람과 나눠 마실 생각이 없었던 것이다. 그는 혼자 행복해질 것에 기뻐하며 뚜껑을 열고 물을 따랐다. 그런데 물은 온데간데 없고, 그 대신 이렇게 적힌 쪽지가 나왔다.

'자신의 행복만 생각하는 사람은 영원히 행복해질 수 없다!'

가난한 사람이 부처에게 물었다.

"나는 왜 성공하지 못합니까?"

"베푸는 법을 배우지 못했기 때문이다."

가난한 사람이 다시 물었다.

"저에게는 아무것도 없는데 어떻게 베풀란 말입니까?"

부처가 웃으며 말했다.

"아무것도 없어도 베풀 수 있는 것이 많다. 첫째는 화안시(和顏施)라 하여 웃는 얼굴을 베푸는 것이다. 둘째는 언시(言施)로, 칭찬하고 격려하는 말을 많이 하는 것을 가리킨다. 셋째는 심시(心施), 마음 문을 열고 남에게 진실함을 베푸는 것이고 넷째는 안시(眼施), 선의 어린 눈빛을 보내는 것이다. 다섯째는 신시(身施)로, 남을 돕는 행동을 하는 것이고 여섯째는 좌시(座施)로, 남에게 양보하는 것이다. 마지막은 방시(房施)다. 이는 다른 사람을 품는 마음가짐을 갖는 것을 말한다."

베풀고 나눌 줄 아는 사람은 어딜 가나 사랑과 환영을 받는다. 그리고 자신이 베푼 것보다 더 많은 것을 보답으로 얻는다. 남을 사랑하고 돌보는 것은 자신의 인생길을 넓게 여는 것과 같다. 그래서 나누고 베풀수록 우리의 삶은 더욱 풍성하고 행복해진다.

▼

Happiness Studies at Harvard

하버드대학교의 졸업생은 사회에 진출하고 난 뒤에도 끊임없이 학교를 지원한다. 이는 대대로 이어진 하나의 전통이다. 많든 적든 경제적 지원을 함으로써 자신을 길러준 학교에 대한 고마움을 표현하는 것이다. 사람과 사람의 관계도 마찬가지다. 베풀고 나누며 감동과 감사를 잊지 않을 때만이 비로소 진실한 우정과 사랑을 얻을 수 있다.

---★---

이기심과 인색이 인생에 미치는 악영향

---★---

러시아의 소설가 이반 투르게네프(Ivan Sergeevich Turgenev)는 말했다.

"이기적인 인간은 결국 열매를 맺지 못하는 나무처럼 외롭고 고독하게 말라간다."

이기적이고 자기만 생각하는 사람은 누구와 친구가 되든 유익을 주지 못한다. 그나마 라이벌은 공명정대하게 경쟁하며 자신의 강점과 약점을 분명히 파악할 수 있게 해주지만 '이기적인 친구'는 쓸데없는 감정 소모와 무의식적인 상처만을 남기기 때문이다.

이기적인 사람은 타인이 자신에게 베푸는 친절과 배려를 당연하게 생각하면서 정작 자신은 아무것도 내놓으려 하지 않는다. 그것이 돈, 사랑, 마음, 무엇이 됐든지 말이다. 마치 무엇이든 남에게 주면 자신이 엄청난 손해를 입기라도 하는 것처럼 벌벌 떤다. 이런 사람은 빠르든 늦든 언젠가는 반드시 외톨이가 되고 만다. 자기 자신의 이기심으로 스스로를 매장시키는 것이다.

인색한 사람도 사정은 별반 다르지 않다. 머릿속으로 늘 계산기를 두드리는 이들은 이해득실에 과도하게 민감하다. 발자크의 소설《외제니그랑데》에서 수전노인 그랑데 영감은 시종일관 독자의 눈살을 찌푸리게 할 정도로 인색하고 편협한 면모를 보이다가 결국 희극적이면서도 비참한 결말을 맞는다. 오로지 재물만 추구하고 사사건건 이해득실을 따지는 사람이 결국 어떻게 스스로의 욕심에 의해 삼켜지고 고립되는지를, 이 소설은 매우 적나라하게 보여준다.

물론 친구 사이는 신뢰가 기반이다. 하지만 오랫동안 진실한 우정을 유지하고 싶다면 서로 간의 신뢰만 믿고 상대를 방치해두지 말고, 세심하게 살피고 아껴야 한다. 우정에는 넓고 후한 마음이 필요하다. 그래서 이기심과 인색함으로 마음이 가득한 사람은 진실한 우정을 쌓기가 어렵다. 심지어 어쩌다 운 좋게 친구를 사귀어도 결국 스스로 그 관계를 망쳐버릴 공산이 크다.

형제처럼 친한 두 친구가 있었다. 이들은 죽어도 같이 죽고 살아도 같이 살며, 기쁨과 슬픔을 함께 나누자고 굳게 맹세했다.

어느 날, 두 친구는 함께 사막을 가로지르다가 그만 길을 잃고 말았다. 물도 음식도 다 떨어진 상황에서 둘은 그저 죽기만을 기다리고 있었다. 그런데 마침 그때 신이 나타나 그들에게 말했다.

"저 앞에 큰 사과와 작은 사과가 달린 나무가 있다. 작은 사과를 먹으면 잠깐의 갈증을 해소할 수 있고, 큰 사과를 먹으면 이 사막을 벗어날 힘을 얻게 된다. 선택은 너희의 몫이니라."

두 친구는 서로에게 큰 사과를 양보하느라 누구도 사과를 따러 가지 않았다. 그렇게 실랑이를 벌이는 동안 날이 저물었고, 두 사람 모두 잠이 들었다.

다음 날 아침, 잠에서 깬 한 친구는 다른 친구가 보이지 않음을 알고 황급히 사과나무로 뛰어갔다. 나무에는 자그마한 사과 한 개가 남아 있었다. 그는 친구의 이기적인 행동에 상처를 받고 깊은 실망과 절망감에 빠졌다. 어쩔 수 없이 그는 사과를 따 먹고 계속해서 사막을 걸어갔다. 그렇게 얼마나 걸었을까? 저 앞에 이미 사막을 빠져나간 줄 알았던 친구가 쓰러져 있는 것 아닌가. 다급히 달려간 그는 친구를 깨워보았지만 이미 늦은 뒤였다. 그런데 쓰러진 친구의 손에는 사과가 그대로 들려 있었다. 놀랍게도 방금 그가 먹은 것보다 훨씬 작고 메마른 사과였다.

진정한 우정은 어려울 때 더욱 큰 힘을 발휘한다. 진정한 우정은 생사를 뛰어넘어 친구를 위해서라면 목숨까지도 내놓겠다는 숭고한 희생정신을 갖게 한다. 이렇게 커다란 사랑과 무한한 이타심은 우리의 마음을 깊게 울리며 이 세상을 좀 더 아름답고 훨씬 살 만한 곳으로 만든다.

우정은 이기심이나 인색함과 함께할 수 없다. 자신의 손해와 이득을 따지지 않고 나누는 우정이야말로 가장 진실하고 성실하며 순수하다. 이러한 우정은 공평하게 내리쬐는 햇볕과 어느 곳에나 존재하는 공기, 차별 없이 내리는 비처럼 한 사람의 인생이 풍성한 결실을 맺을 수 있도록 돕는다. 나 자신이 먼저 이기심과 인색함을 버리고 진실하게 마음의 문을 열 때, 바로소 진정한 우정을 얻게 될 것이다.

이기적이고 인색한 사람과 친구가 되고 싶어 하는 이는 없다. 이런 사람은 타인의 진심을 무시하고 자신의 이익을 위해 주저 없이 남을 짓밟기 때문이다. 친구와의 우정은 진심을 바탕으로 맺어지기에 이기심과 인색함을 버리지 않는 한 결코 진실한 친구를 얻지 못한다.

하버드대
행복학
명강의 **5강**

남을 자선하여 나를 자선하라

이런 말이 있다.

'한 시간을 즐겁고 싶다면 낮잠을 자고 하루를 즐겁고 싶다면 낚시를 가라. 한 달을 행복하게 살려면 결혼을 하고 일 년을 행복하게 살려면 재산을 물려받아라. 일평생 행복하게 살고 싶다면 다른 사람을 도우라.'

이 세상에 힘들고 어려운 이웃을 돕는 것만큼 숭고한 일이 또 있을까? 그러나 생활 속에서 자선과 자비를 실천하기란 쉽지 않다. 자선을 단순히 자신의 소유를 남과 나누는 것이라고 생각한다면 말이다. 하지만 순수하게 아무런 사심도 없이 나누고 베풀 때 자신이 얼마나 큰 기쁨과 평안, 행복을 얻을 수 있는지를 알게 되면 누가 뭐라고 하지 않아도 스스로 기꺼이 베풂의 대열에 동참하게 된다.

성탄절 전날, 여덟 살 소년 에릭은 시무룩한 표정으로 땅만 바라봤다. 할머니가 선물을 받지 못할까 봐 걱정되느냐고 묻자 에릭은 고개를 저었다.

"그게 아니라 토마스 때문에 그래요, 할머니. 그 애는 집이 너무나 가난해서 겨울에 입을 코트도 없어요. 토마스에게 아무도 선물을 주지 않을까 봐 걱정돼요."

에릭의 말에 할머니는 그를 데리고 옷가게에 가서 두툼한 코트 한 벌을 샀다. 그들은 함께 토마스의 집으로 가서 예쁘게 포장된 코트를 문 앞에 내려놓고 벨을 눌렀다. 그런 뒤 재빨리 몸을 숨겼다. 토마스가 문을 열고 나와 바깥을 두리번대다가 선물꾸러미를 발견하고는 기쁨에 찬 목소리로 외쳤다.

"엄마! 산타할아버지가 진짜로 왔다 가셨나 봐요! 선물이 있어요!"

토마스의 모습을 몰래 지켜보던 에릭의 입가에도 기쁨의 미소가 떠올랐다. 에릭은 신이 나서 할머니에게 말했다.

"할머니, 선물은 주는 것이 받는 것보다 훨씬 더 기쁘고 행복한 것 같아요!"

중국의 교육가 타오싱즈(陶行知)는 "베풀 때는 진실한 마음 외에는 풀뿌리 하나도 바라지 말라"고 가르쳤다. 아무런 보답도 바라지 않는 것이야말로 진정한 의미의 베풂이요, 자선이다. 이러한 베풂과 자선을 배우고 실천할 때 우리는 진정한 행복을 얻을 수 있다.

유대인은 세계에서 베풂의 의미를 가장 잘 이해하고 실천하는 민족이다. 유대교 경전에는 '능히 베풀 수 있는 만큼 재물을 얻는다'

고 쓰여 있다. 그래서 유대인은 어렸을 때부터 '자선과 구제는 단순히 동정심으로 하는 것이 아니라 정의요, 의무이며, 최고의 투자'라고 배운다.

선의에서 비롯된 베풂은 어둠을 밝히는 한 줄기 빛이고 추운 겨울날을 따뜻하게 덥히는 화톳불이며 사막의 갈증을 해소하는 오아시스이다. 베풂은 타인에게는 희망을, 자기 자신에게는 기쁨을 준다.

자신의 행복을 위해서라면 돈을 전혀 아끼지 않는 부자가 있었다. 그는 온갖 산해진미를 먹고 펑펑 돈을 쓰며 즐겼지만 어쩐 일인지 항상 알 수 없는 공허감에 시달렸다. 결국 그는 친구의 조언대로 진정한 행복의 비밀을 찾아 어느 산사로 향했다. 산사의 주지승은 부자의 이야기를 들은 후 엷은 미소를 지으며 말했다.

"당신은 이생에서 걱정 없이 살 수 있을 만큼 많은 재물을 가지고 있지만 진정한 행복과 만족은 찾지 못했군요. 그것이야말로 인생의 가장 큰 불행입니다."

부자는 주지승의 말에 절절히 동감하며 말했다.

"그렇습니다. 대체 어떻게 해야 진정으로 행복해질 수 있을까요?"

"보시는 가장 큰 자비입니다. 남는 재물을 가난한 사람을 돕는 데 쓰면 어떻겠습니까?"

그날 이후, 부자는 주지승의 가르침대로 나라 곳곳을 돌아다니며 어려운 사람을 찾아 돈을 기부했다. 그런데 다들 고마워할 것이라는 부자의 예상과 달리, 사람들은 그의 도움을 당연시했다. 결국 부자는 두 달 만에 더욱 불행하고 불쾌한 심정으로 주지승을 찾아가 그동안 있었던 일을 몽땅 털어놓았다. 그러자 주지승이 빙긋이 웃으며 말했다.

"당신은 재물만 뿌렸지 보시를 하지 않았습니다. 그러니 당연히 행복하지 않을 수밖에요!"

선한 일을 하려면 먼저 선한 마음이 있어야 한다. 선하고 진실하며 아무런 사심도, 잡념도 없는 마음이 있어야 선행이 공허한 자기 자랑에 그치지 않을 수 있다. 단지 선행을 위한 선행, 심지어 다른 공리적인 목적을 가지고 한다면 본래의 의미는 퇴색하고 자기 이익을 챙기기 위한 장사나 다름없는 것으로 전락하고 만다.

우리는 사랑하는 사람이나 가족에게는 내 것 네 것을 가리지 않고 모든 것을 베푼다. 진심으로 사랑하기 때문이다. 또한 그들에게 나의 것을 기꺼이 내어주고 더 큰 기쁨을 돌려받는다. 타인을 향한 베풂도 기본적으로 이와 다르지 않다. 진실한 마음으로 주고 베푼다면 낯선 사람에게서도 영혼의 기쁨을 선물로 받게 될 것이다.

▼

Happiness Studies at Harvard

자신이 충분히 도울 수 있는 사람을 돕지 않고 외면하면 결국 엄청난 양심의 가책을 느끼게 된다. 아주 적은 노력만으로도 그들의 삶을 바꿀 수 있는데 왜 행동하지 않는가? 이 모든 것을 아주 잘 알면서도 왜 실천하지 않는가?

먼저 마음을 열면 더 큰 행복이 온다

사람은 인간관계를 통해 무엇을 얻고자 할까? 여러 가지가 있겠지만 궁극적으로는 행복을 얻는 관계가 아닐까? 사람은 누구나 행복하기를 바란다. 휘황찬란한 성공과 명예, 재물을 추구하는 이도 결국은 행복이 최종 목표다. 그래서 인간관계도 서로가 행복할 수 있을 때 가장 바람직하다.

특히 사람이 친구관계에서 가장 바라는 것은 자기가 힘들고 어려울 때 진심으로 위로해주고 손을 내밀어주는 따뜻하고 미더운 우정이다. 교황 레오 13세는 "이 세상에 남의 도움이 전혀 필요하지 않을 만큼 부유한 사람도 없고, 남을 전혀 도와줄 수 없을 만큼 가난한 사람도 없다"며 "믿음은 우리에게 할 수 있는 한 최대로 남을 도울 것을 요구하며 이는 인간의 천성이다"라고 역설했다.

문제는 의외로 많은 사람이 도움을 받는 것에만 익숙하고, 능동적으로 나서서 돕는 데는 주저하는 경향이 크다는 점이다. 그래서 누군가가 별 탈 없이 순조롭게 잘나갈 때는 기꺼이 친구로 어울리다가도 그가 고난과 어려움에 빠지면 도움의 손길을 내밀기는커녕 언제 친했냐는 듯 멀찍이 거리를 둔다. 이러한 관계는 우정도, 친구도 아니다. 항상 이런 식으로 인간관계를 맺는다면 정작 자신에게 불행이 닥쳤을 때 고민을 들어줄 친구가 단 한 명도 없다는 비참한 현실을 확인하게 될 것이다.

친한 낚시 고수 두 사람이 함께 낚시를 갔다. 마침 주말을 맞아 강가는 낚시꾼들로 발 디딜 틈이 없었다. 두 고수는 다년간의 경험을 바탕으로 낚싯대를 드리우자마자 물고기들을 낚아 올리기 시작했다. 종일 앉아 있었어도 몇 마리 낚지 못한 다른 낚시꾼들은 두 사람을 보며 부러움과 놀라움의 탄식을 쏟아냈다. 한 낚시 고수가 잠시 고민한 뒤 말했다.

"그럼 이렇게 합시다. 여러분에게 제 낚시 기술을 가르쳐드리겠습니다. 그 대신 열 마리를 낚을 때마다 한 마리씩 제게 주셔야 합니다. 물론 열 마리 이하로 낚는다면 안 주셔도 됩니다."

그러자 모두 기뻐하며 고개를 끄덕였다. 이 마음씨 좋은 낚시 고수는 자기 낚싯대를 내버려두고 낚시터를 두루 다니며 사람들에게 기술을 가르쳤다. 하루가 저물 무렵, 그는 물고기를 거의 낚지 못했지만 이 사람 저 사람이 한 마리씩 준 덕에 바구니가 넘칠 만큼 많은 물고기를 얻었다. 그뿐만이 아니라 자신을 "선생님"이라고 부르는 이

들까지 생겼다. 그러나 친구가 사람들에게 둘러싸여 '선생님' 소리를 들을 때 고집스레 자기 낚싯대에만 열중하던 다른 낚시 고수는 새로운 인연도 만들지 못하고 친구만큼 많은 물고기도 얻지 못한 채 쓸쓸히 집으로 돌아갔다.

이야기 속 낚시 고수는 먼저 남에게 손을 내민 결과 물고기뿐만 아니라 따뜻한 미소와 진심 어린 고마움의 인사, 진실한 우정까지 얻었다. 이처럼 남을 도우면 예상치도 않게 자신이 더 큰 선물을 받기도 한다. 남을 돕는 것은 곧 자신을 돕는 셈이다.

위축된 친구에게 손을 내밀어 기운을 북돋아주고, 오만한 동료에게 손을 내밀어 진심으로 충고해주자. 열심히 노력하는 이에게 손을 내밀어 응원을 보내고, 절망에 빠진 자에게 손을 내밀어 희망과 구원의 메시지를 전해주자.

학자이자 시인인 프랭크 셔먼(Frank Dempster Sherman)은 이렇게 노래했다.

'기쁘게도 내 인생의 여행길 굽이굽이마다 나의 길을 꿋꿋이 갈 수 있도록 기댈 어깨를 내어준 친구가 있었지. 내게는 황금이 없기에 그들에게 보답할 수 있는 것이라고는 진실한 사랑의 마음뿐. 바라옵건대 신이여, 내가 살아 있는 동안 그들의 인생에 선한 일을 베푸소서!'

베풂이 없는 인생은 참담하고, 나눔이 없는 마음은 메마르며, 친구가 없는 세계는 처량하다. 자신이 먼저 사랑과 도움을 베풀면 더 큰 사랑과 도움이 보답으로 돌아온다. 누군가가 자신을 도와주길 바란다면 자신이 먼저 도움의 손길을 내밀어야 한다.

고대 로마의 콜로세움은 사람과 맹수를 싸우게 했던 피비린내 나는 투기장이다. 그런데 이 잔인한 무대에 딱 한 번 피 냄새 대신 구원과 사랑의 향기가 흘러넘친 기적 같은 순간이 있었다.

긴장감이 감도는 콜로세움, 수많은 관중이 지켜보는 가운데 며칠 동안 굶주린 사나운 사자가 경기장으로 들어왔다. 경기장 한쪽 구석에는 한 죄수가 긴 창을 꽉 쥔 채 벌벌 떨고 있었다. 그는 오늘 자신이 이곳에서 죽을 것을 의심하지 않았기에, 고통스러운 순간이 어서 지나가고 신을 만날 수 있기를 간절히 기도했다.

사자는 곧 죄수를 발견하고 맹렬하게 달려들었다. 죄수는 마지막 발악을 하는 심정으로 창을 휘둘렀다. 하지만 사자는 날렵하게 창을 피하고 옆으로 돌아 다시 그에게 달려들려고 했다. 그때, 이상한 일이 벌어졌다. 사자가 갑자기 킁킁대며 냄새를 맡더니 그의 주변을 빙빙 돌다가 옆에 얌전히 주저앉아버린 것이다. 그뿐만이 아니라 그의 손과 발에 다정하고 온순한 몸짓으로 머리를 비벼댔다.

콜로세움 안은 순간적으로 고요에 휩싸였다. 잠시 후, 우레와 같은 박수와 함성 소리가 터져나왔다. 황제도 깜짝 놀라 죄수를 불러 이유를 물었다. 죄수가 감격의 눈물을 흘리며 말했다.

"일 년 전쯤에 숲을 지나다가 크게 다친 새끼 사자를 발견한 일이 있습니다. 저는 사자를 데려와 상처를 치료해주고 보살피다가 다 나은 후에 숲으로 돌려보냈습니다. 그리고 오늘 아마도 그때의 그 사자를 다시 만난 것 같습니다."

죄수의 이야기에 황제는 깊은 감동을 받고 그를 석방했다.

누가 이 죄수를 구한 것일까? 은혜를 잊지 않은 사자일까? 궁극적
으로 그를 구원한 것은 과거에 그가 뿌렸던 선의의 씨앗이다. 그 씨앗
이 선한 열매를 맺은 것이다. 신은 인간을 창조할 때 총명한 두뇌와
두 개의 손을 주었다. 하나가 아니라 두 개나 준 데는 하나는 자신을
위해, 다른 하나는 남을 위해 쓰라는 깊은 의미가 담겨 있다. 삶이 아
무리 바쁘고 정신없이 흘러간다고 해도 조금만 주의를 기울이면 얼
마든지 도움의 손길을 내밀 수 있다. 넘어진 아이를 일으켜주고, 추운
길거리에서 공연하는 예술가에게 동전 한 닢을 건네며, 어려운 일을
겪고 있는 친구에게 위로의 전화를 거는 그런 손길 말이다.

잠시 마음을 써서 손을 내미는 것은 힘든 일이 아니다. 이를 통해
우리는 따뜻한 사랑과 진실한 정, 기쁨과 행복을 얻을 수 있다. 이 얼
마나 수지맞는 장사인가! 지금 이 순간, 도움이 필요한 누군가에게
먼저 손을 내밀어보자.

▼

Happiness Studies at Harvard

"타인에게 진심으로 관심을 가질 줄 알고 언제나 감사할 줄 아는 사람은 반드시 더 큰 행복
을 얻게 된다."
타인을 돕는 것은 사람을 사람답게 하는 가장 큰 미덕이며, 이 세상을 아름답게 만드는 비밀
이다. 기꺼이 타인을 도울 마음을 갖고 있다면 당신은 이미 행복한 사람이다.

측은지심으로 죽은 마음을 살려라

살아가는 동안 언제 어디서 어떠한 불행이 닥칠지 알 수 없다. 그렇기에 만약 누군가가 큰 어려움을 겪고 있다면 자신의 측은지심(惻隱之心)을 숨기지 말고 힘껏 도와야 한다. 비록 지금 당장은 자신에게 아무 일이 없다 해도 결코 안심하거나 미래를 장담할 수 없는 것이 인생이기 때문이다.

중국 시인 구청(顧城)은 이렇게 썼다.

'당신이 내게 돈을 준다면 나는 나의 입으로 당신을 찬양하겠지만, 당신이 내게 측은지심을 준다면 나는 나의 마음으로 당신을 찬양하리다.'

주변의 누군가가 어려운 일, 슬픈 일을 겪고 있다면 주저하지 말고 위로와 격려의 말을 아낌없이 건네라. 왜냐하면 측은지심에서 우러난 단순한 말 한마디가 때로는 상대에게 큰 희망과 빛이 되기 때문이다.

라빈드라나트 타고르(Rabindranath Tagore)는 영국으로 유학을 가기 전, 고향 집을 떠나 뭄바이에 있는 한 영국 의사의 집에서 영어를 배웠다. 한창 공부에 열중하고 있던 어느 날, 큰누나가 매우 아프다는 소식이 날아왔다. 타고르는 가슴이 덜컹 내려앉았다. 어머니의 빈자리를 대신해서 자신을 키워준 사람이 바로 큰누나였기 때문이다. 그런 누나가 병에 걸렸다니 걱정이 돼서 공부가 손에 잡히질 않았다.

의사에게는 애나라는 딸이 있었는데 그녀는 타고르가 매일 근심 어린 얼굴로 안절부절못하는 모습을 보고 물어물어 그의 사정을 알게 되었다. 선량한 애나는 자신의 일처럼 가슴 아파하며 타고르를 위로했다.

"큰누나가 아프다는 소식을 들었어. 나도 역시 마음이 아파. 하지만 너는 새로운 세계로 나갈 기회를 잡기 위해 이곳에 오지 않았니? 훌륭한 사람이 되기 위해서 말이야! 물론 괴롭고 힘들겠지만 지금 네가 해야 할 일은 공부에 집중하는 거야. 아마 큰누나도 네가 그렇게 하기를 바라고 있지 않을까?"

애나의 따뜻한 위로와 단호한 충고에 감동한 타고르는 마음을 다잡았다. 그는 가족에게 편지를 써서 큰누나의 안부를 묻고, 자신은 이곳에서 열심히 공부할 테니 걱정하지 말라는 당부를 덧붙였다.

그날 이후 타고르는 다시 공부에 열중했고 결국 영국으로 떠날 기회를 잡았다. 그리고 영국 유학을 마친 뒤 고국으로 돌아와 역사에 길이 남을 훌륭한 문학가, 사상가가 되었다.

곤경과 어려움에 빠진 사람에게 건네는 적절한 위로와 권면의 말 한마디는 이처럼 엄청난 힘을 발휘한다. 자신의 따뜻한 말로 한 사람의 인생을 도울 수 있다면 이 얼마나 가슴 벅차고 보람되겠는가? 적절한 시기에 측은지심을 보인다는 것은 넘어졌을 때 따뜻한 손을 내미는 것이고, 슬플 때 기댈 어깨를 내어주는 것이며, 외로울 때 친구가 되어주는 것이다. 아주 작고 사소한 위로라도 아예 위로하지 않는 것보다 훨씬 낫다. 게다가 아무리 측은지심이 마음속에 넘쳐나도 정작 겉으로 표현하지 않으면 시간이 흐를수록 결국 메말라버리고 만다. 타인에 대한 동정심을 느끼지 못하는, 메마르고 매정한 인간이 되는 것이다.

위로는 제때 해야 한다. 시기를 놓치면 자칫 괜한 생색내기로 전락할 수 있다. 또한 위로한답시고 시시비비를 논했다가는 불난 집에 기름을 붓는 역효과가 날 수 있으니 주의해야 한다. 잘못된 방법 때문에 측은지심에서 비롯된 위로가 의미를 잃고 외려 상대방의 상처를 들쑤시게 된다면 안 하는 것만 못하지 않겠는가. 위로도 상대방의 상황과 감정 상태를 살펴가며 할 줄 알아야 한다.

연전연승을 기록하던 한 운동선수가 세계선수권대회에서 한순간의 실수로 아깝게 메달권에서 멀어졌다. 본국에 돌아온 후, 공항에서 다른 선수들이 메달과 꽃다발을 흔들며 기자의 인터뷰에 답하고 있는 동안 그녀는 깊은 모멸감과 패배감을 느끼며 우두커니 서 있었다.

그때, 한 공항 직원이 그녀에게 꽃다발을 건넸다. 그녀는 깜짝 놀라 고개를 저었다.

"아, 나는 이걸 받을 수 없어요. 나는 패배자인걸요."

직원이 말했다.

"무슨 말씀이세요? 당신도 열심히 땀을 흘리며 최선을 다했잖아요. 그러니 승리한 사람과 똑같이 대접받을 자격이 있답니다. 고개를 드세요. 패배는 이미 지나간 과거이고 중요한 것은 다가올 미래이니까요."

그녀는 울컥 뜨거운 눈물을 쏟으며 직원의 손을 꼭 붙잡고 몇 번이고 중얼거렸다.

"감사합니다, 감사합니다!"

적절한 위로와 안위는 무너진 마음을 다시 일으켜 세운다. 직원이 적절한 때에 아름다운 꽃다발과 함께 다정한 위로를 건네지 않았다면 이 운동선수는 오랫동안 슬럼프에 빠져 고생했을지도 모른다.

다른 사람에게 위로와 측은지심을 표현할 때마다 우리는 작은 씨앗을 심는 것이나 다름없다. 우리 자신조차 모르는 사이에 심은 씨앗은 조용히 싹을 틔우고 자라나서 다른 사람에게는 희망을, 자신에게는 기쁨을 가져다준다. 추운 겨울날 좌판 장사를 하는 할머니에게서 돈 한 푼 깎지 않고 채소를 사고, 힘들게 아르바이트를 하며 등록금을 버는 학생에게 따뜻한 미소와 격려를 보내는 것 역시 측은지심을 표현하는 방법이다.

'절망보다 더 큰 슬픔은 없다'는 옛말이 있다. 중국에서는 '절망'을 '마음이 죽은 것(心死)'이라고 한다. 측은지심이 없는 사람은 마음이 죽은 사람이다. 마음의 죽음보다 더 무섭고 두려운 일이 어디 있겠는가? 하지만 측은지심이 넘치는 사람은 마음속에 언제나 사랑이 있다. 사랑은 사람을 행복하고 존귀하게 만든다. 그래서 가난한 사람도 측은지심이 있으면 얼마든지 마음을 베풀 수 있는 부자가 된다. 반면, 물질적으로 아무리 풍족해도 측은지심이 없는 사람은 세상에서 가장 마음이 가난하고 불행한 사람이라 할 수 있다.

▼

헨리 소로는 말했다.

"선행은 절대 실패하지 않는 투자다. 한 번 씨가 뿌려지면 언젠가 반드시 싹을 틔우기 때문이다."

타인을 향해 적절한 때에 측은지심을 표현하는 것은 매우 아름다운 선행이다. 측은지심의 눈을 뜨면 그동안 보지 못했던 진실을 볼 수 있으며, 진정한 행복이 무엇인지 깨달을 수 있다.

아낌없이 베풀고 사랑하라

바쁘게 돌아가는 일상, 끊임없는 스트레스와 압박 속에 사람들은 점점 냉담하고 매정하게 변해간다. 그야말로 '정 없는 사회'가 된 것이다. 사람들은 저마다 자기만 생각하면서 자신의 이익을 위협하지만 않는다면 바로 눈앞에서 다른 사람이 위기에 처해도 모른 체한다. 당연히 갈수록 더욱 살기가 힘들고 팍팍하다는 푸념이 나올 수밖에 없다. 기쁨과 행복은 아낌없이 베푸는 사랑의 마음이 있어야 비로소 얻을 수 있다. 사랑을 베풀고 돌아설 때, 우리는 우연처럼 그 사랑에 대한 보답을 받게 된다.

리치너는 해안가에 살았다. 그의 마을은 대대로 고기잡이를 업으로 해온 곳으로, 그도 어렸을 때부터 아버지를 따라 바다로 나가 고기 잡는 기술을 배웠다. 하지만 요즘 그의 마음을 사로잡은 것은 고기잡이가 아니라 사냥이었다. 그는 시간이 날 때마다 몰래 근처 산으로 올라가 사냥을 했다.

어느 날, 그가 아직 한 번도 가보지 않은 산 쪽에 멧돼지가 자주 출몰한다는 소문이 들려왔다. 그는 눈을 반짝이며 그곳에 꼭 가보리라 결심했다.

드디어 결전의 날이 밝았다. 그는 아버지 몰래 자리에서 일어나 사냥총을 챙겨 들고 산으로 향했다. 하지만 새벽부터 해가 중천에 뜨도록 산을 헤집고 다녀도 멧돼지는 그림자도 보이지 않았다. 그는 너무나 아쉬웠지만 곧 출항할 시간이 되어 어쩔 수 없이 피곤함과 실망을 안고 집으로 발걸음을 돌렸다.

산 중턱쯤 내려왔을 때, 어디선가 희미한 울음소리가 들려왔다. 멧돼지 소리였다. 그는 흥분해서 소리의 근원지를 찾았다. 그가 열심히 찾아간 곳에는 과연 새끼 멧돼지 한 마리가 늪에 빠져 허우적대고 있었다.

멧돼지는 어떻게든 늪을 빠져나오려고 발버둥을 쳤지만 그럴 때마다 더욱 깊이 빠져들어서 이젠 겨우 머리만 내밀고 있는 상태였다. 그는 의외의 수확에 마냥 기뻐하며 재빨리 멧돼지에게 총을 겨냥했다. 하지만 자신을 향하고 있는 검고 기다란 물체가 무엇인지 알 리 없는 새끼 멧돼지는 그저 애처롭고 간절한 눈빛으로 그를 바라봤다. 그가 자신을 구해줄 것이라고 믿어 의심치 않는 그런 눈빛이었다.

멧돼지와 눈이 마주친 그는 움찔했다. 잠시 고민하던 그는 결국 한숨을 쉬며 총을 내려놓고 가방에서 밧줄을 꺼내어 동그랗게 고리를 만들었다. 그런 뒤 여러 번의 시도 끝에 가까스로 고리를 멧돼지의 목에 걸고 조심스레 멧돼지를 끌어냈다. 꽤 오랜 시간이 걸렸지만 그는 마침내 새끼 멧돼지를 구할 수 있었다. 이미 출항 시간이 지난 후였다. 땀투성이가 된 그는 땅바닥에 앉아 거친 숨을 몰아쉬며 아버지께 뭐라고 변명해야 할지를 고민했다.

그 순간, 멀리서 하늘이 무너지는 듯한 엄청난 굉음이 들려왔다. 그는 깜짝 놀라 해안가를 쳐다봤다. 10미터는 족히 되어 보이는 거대한 파도가 그가 살던 마을을 집어삼키고 있었다. 그는 공포에 떨며 그 모습을 지켜봤다. 세계를 충격에 몰아넣은 인도양의 쓰나미가 그의 마을을 덮친 것이다. 그는 마을에서 유일한 생존자가 되었다.

이는 실제 일어났던 일로, 리치너는 인도네시아 수마트라 섬 반다아체에 살았다. 본디 멧돼지를 잡으려고 했던 그는 오히려 멧돼지를 구해주다가 산을 내려갈 시간을 놓쳤고, 그 덕에 엄청난 재앙을 피할 수 있었다. 이쯤 되면 그가 멧돼지를 구한 것인지, 멧돼지가 그를 구한 것인지 헷갈릴 정도다. 그가 멧돼지를 구해주지 않았다면 과연 죽음의 손길에서 벗어날 수 있었을까?

결국 행운은 사랑의 마음이 주는 선물이다. 그렇기에 살아가는 동안 언제 어디서든 할 수 있는 한 힘껏 자신이 가진 사랑의 마음을 표현해야 한다. 사랑은 향수와 같아서 뚜껑을 열기만 해도 그 향기가 아주 멀리까지 퍼져나가 다른 사람을 적시고 또 자신을 적신다.

루이스는 플로리다 자선회의 직원이 되기 위해 수많은 면접과 시험을 거쳤고 마침내 마지막 관문인 '문화지식 필기시험'을 치르게 됐다. 시험장 안은 답안을 작성하는 소리만 들릴 뿐, 숨 막힐 듯 조용했다. 그런데 그때 갑자기 한 나이 어린 아가씨가 벌떡 일어나더니 시험 감독관에게 다가가 다급히 말했다.

"제 펜이 안 나와서 그러는데 펜 하나만 빌릴 수 있을까요?"

"저런, 나도 펜이 없는데…… 어쩌죠?"

감독관은 잠시 곤란해하더니 시험장 안을 둘러보며 물었다.

"혹시 여분의 펜을 가진 분이 있다면 여기 이 아가씨에게 좀 빌려 주실 수 있을까요?"

하지만 아무도 대답하지 않았다. 아가씨는 점점 더 사색이 되어갔다. 그때 한 사람이 일어나더니 펜을 들고 앞으로 나왔다.

"자, 여기 있어요. 이걸 쓰세요."

그렇게 작은 소동이 마무리되고 시험도 무사히 끝났다. 루이스는 길게 안도의 한숨을 내쉬었다. 다행히 미리 준비했던 내용이 나온 덕에 누구보다도 시험을 잘 치렀다는 확신이 든 것이다.

하지만 이틀 후 자선회 측에서 공개한 합격자 명단에는 루이스의 이름이 없었다. 그녀는 대체 어찌 된 일인지 알 수 없어서 전화를 걸었다. 그러자 담당자가 차분히 이유를 설명했다.

"시험을 치를 때 펜이 안 나온다고 한 여성이 있었죠? 사실, 그 사람은 우리 직원입니다. 지원자들에게 진심으로 사랑과 관심을 베풀 마음이 있는지를 테스트하려고 일부러 그런 소동을 일으킨 거지요.

생각해보세요. 다른 사람이 곤경에 처한 모습을 빤히 보면서도 돕지 않는 사람이 어떻게 자선 사업을 할 수 있겠습니까? 그래서 우리는 기꺼이 펜을 빌려준 그분을 최종적으로 채용했습니다."

남을 돕는 것은 곧 나를 돕는 일이다. 이 이치를 잘 아는 사람만이 당연하게, 사심 없이 남을 도울 수 있다. 행복과 기쁨은 그렇게 어렵고 복잡한 것이 아니다. 그저 진심으로 남을 아끼고 사랑할 줄 아는 마음만 있으면 된다.

▼

테레사 수녀는 말했다.
"우리는 대부분 위대한 일을 해내기는 벅차지만, 위대한 사랑으로 작은 일을 할 수 있다."
우리는 다른 사람이 얻은 행운을 부러워한다. 그러나 하늘은 언제나 공평하기에 아무런 이유 없이 행운이 생기거나 불행이 닥치지는 않는다. 우리가 진정한 사랑의 마음을 품고 기꺼이 그것을 베풀 때, 삶은 우리에게 더 큰 선물을 줄 것이다.

베풀면 더 많이 얻는다

샤하르는 '인생의 궁극적인 목표는 행복이며, 행복은 다른 모든 목표의 최종 목표다'라는 명제를 제시했다. 하지만 그의 말대로 행복을 목표로 삼고 있어도 정작 행동하지 않는다면 변화는 일어나지 않는다. 진심으로 행복해지고 싶다면 실제로 행동함으로써 자기 자신을 행복의 전당으로 이끌어야 한다.

그렇다면 어떻게 해야 진정한 행복을 얻고 인생의 매 순간을 빛나게 할 수 있을까? 이에 대해 카네기는 매우 좋은 답안을 내놓았다.

'행복을 얻는 가장 좋은 방법 중 하나는 바로 다른 사람의 감사를 바라지 않고 베푸는 것이다. 즉, 베푸는 것 자체에서 기쁨을 얻을 때 비로소 행복해질 수 있다.'

그의 말대로 대가를 바라지 않고 베푸는 것에서 우리는 더 큰 기쁨을 얻을 수 있다.

어느 비 내리는 오후, 한 노부인이 갑작스러운 비를 피하기 위해 뛰듯이 필라델피아 백화점으로 들어갔다. 점원들은 그녀의 소박한 옷차림을 보고 곧 그녀를 외면했다. 하지만 필립이라는 이름의 젊은 점원은 달랐다. 그는 노부인에게 다가가 친절하게 물었다.

"부인, 제가 도와드릴 것이 있을까요?"

노부인은 빙그레 웃으며 고개를 저었다.

"아니에요. 비가 그치면 곧 갈 거예요."

노부인은 작은 액세서리라도 살 것이 없나 상점 안을 둘러보았다. 그저 비만 피하고 가기에는 마음이 조금 불편했던 것이다. 노부인이 서성이자 필립은 다시 다가가 말했다.

"부인, 여기 입구 쪽에 의자를 놔드릴 테니 사양하지 말고 앉아 쉬세요."

노부인은 매우 고마워하며 점원의 말을 따랐다. 두 시간 후 비가 그치자 노부인은 필립에게 다시 한 번 감사의 인사를 하고 명함 한 장을 달라고 했다. 그런 뒤 총총걸음으로 상점을 나섰다.

몇 달 뒤, 필라델피아 백화점의 사장인 제임스는 스코틀랜드에서 날아온 편지 한 통을 받았다. 커다란 저택에 비치할 가구와 장식품을 사고 싶다는 편지였다. 단, 주문은 반드시 필립이 와서 받아가야 한다는 단서가 있었다. 그뿐만 아니라 이후에 자신의 가족이 운영하는 몇 개의 대기업에 필요한 사무용품을 구매하는 일도 필립이 전부 맡아주길 바란다는 당부가 적혀 있었다.

편지를 보낸 사람은 다름 아닌 그때의 그 노부인이었다. 평범해 보였던 노부인이 사실은 강철왕 카네기의 어머니였던 것이다. 그녀의 주문 덕분에 필립은 엄청난 실적을 올릴 수 있었고 곧 높은 자리까지 승진했다. 잠시 친절을 베푼 덕에 인생이 완전히 바뀐 것이다.

대부분의 사람은 베풀기 전에 자신이 무엇을 보답받을 수 있을지를 먼저 계산한다. 그러나 무엇 하나 내놓지 않고 얻을 것부터 생각하면 결국 아무것도 얻지 못한다. 돌려받을 것을 계산하지 않고 진심을 다해 기꺼이 베풀 때, 우리는 비로소 자신이 베푼 것보다 더욱 가치 있는 것을 얻을 수 있다.

제퍼슨은 다큐멘터리 감독이다. 그는 촬영 소재를 찾아 미국의 여러 도시를 여행하다가 시애틀에 이르렀을 때 마침내 흥미로운 대상을 찾았다. 랜디라는 이름의 노숙자였다. 특이하게도 그는 구걸할 때도 늘 웃는 얼굴이었다. 랜디의 일상이 궁금해진 제퍼슨은 오랫동안 이야기를 나눈 후, 마침내 촬영 허락을 받았다.

랜디가 평소처럼 구걸하는 동안 제퍼슨은 근처에 몸을 숨기고 몰래 촬영을 했다. 그렇게 이틀이 지나고 사흘째 되던 날, 예닐곱 살쯤 되어 보이는 아이가 수줍게 다가오더니 랜디의 옷자락을 끌어당겼다. 그리고 방긋 웃으며 랜디에게 무언가를 내밀었다. 그것을 받아든 랜디의 얼굴에 순식간에 환한 미소가 떠올랐다. 그는 곧 주머니에서 무언가를 꺼내더니 아이의 손 위에 올려놓았다. 그러자 아이는 신이 나서 곱게 땋은 양 갈래 머리카락을 휘날리며 멀리서 자신을 지켜보고 있던 부모에게 달려갔다. 그 모습은 제퍼슨의 궁금증을 자극했다. 대체 랜디와 아이는 무엇을 주고받은 것일까? 당장에라도 뛰어나가 물어보고 싶었지만 그는 꾹 참고 계속 촬영했다.

그날 하루의 촬영을 마친 후, 제퍼슨은 대체 아이와 무슨 일이 있었느냐고 물었다. 랜디가 웃으며 대답했다.

"간단합니다. 아이는 제게 동전 한 닢을 주었고, 나는 아이에게 동전 두 닢을 주었지요."

제퍼슨이 도저히 모르겠다는 표정을 짓자 랜디는 어깨를 으쓱이며 설명했다.

"저는 아이에게 만약 자신의 것을 베풀면 그보다 더 많은 것을 얻게 된다는 사실을 알려주고 싶었을 뿐입니다."

그렇다. 베풀면 더 많이 얻게 된다. 그런데 우리는 이 단순한 이치를 알지 못하고 베풀기보다는 먼저 얻기를 바란다. 그래서 불행해지는 것이다.

일반적으로 성공하기를 원하는 사람은 무언가를 얻을 기회를 붙잡는 데 힘을 아끼지 않는다. 그러나 헛된 망상을 갖지 않고 차근차근 꿈을 이뤄나가는 사람은 '어리석게도' 항상 베풀 기회를 잡는다. 베푸는 것은 쉽지 않으며, 보답을 바라지 않고 베푸는 것은 더더욱 힘든 일이다. 그러나 이러한 마음을 가질 수만 있다면 그 사람은 이미 행복한 인생을 보장받은 셈이다.

시인 타고르는 아름다운 시로써 '베풂'의 가치를 표현했다.

'땅 아래 묻힌 뿌리는 가지로 하여금 열매 맺게 하나 그에 대해 아무런 보답도 바라지 않는다.' 바라는 바 없이 베푸는 사람은 더 큰 것을 돌려받지만, 욕심을 부리며 억지로 얻으려는 사람은 결국 빈손으로 남게 된다. 왜냐하면 신은 욕심 많은 자를 돕지 않기 때문이다. 그래서 보답을 바라지 않는 베풂은 인생의 가장 큰 지혜다.

완벽이라는 강박으로 자신을 망치지 말라

우리는 언제나 완벽한 인생을 꿈꾼다. 좀 더 완벽해 보이는 사람이 되고 무슨 일이든 완벽하게 해내며 매일 완벽한 성과를 거두다가 이 세상을 떠나는 날에 완벽한 마침표를 찍을 수 있기를 바라는 것이다. 그래서 외모든 지식이든 능력이든 다른 사람보다 뒤처지는 것을 참지 못한다. 그러니 자신에게 여유를 주지 않고 완벽을 향해 끝없이 내몬다!

그러나 완벽을 추구하면 추구할수록 우리는 점점 더 깊은 수렁에 빠져든다. 이 세상의 어떤 인간도 완벽해질 수 없기 때문이다. 말할수 없는 스트레스와 긴장감, 불안함, 조급함이 우리를 덮친다. 오죽하면 '완벽하고자 하는 욕심은 그 자체로 독약이다'라는 말이 있겠는가. 우리는 '가장 좋은 것'을 만들어내기 위해 온갖 스트레스를 참고 견디지만 오히려 더 큰 부담과 정신적 붕괴를 경험하기 일쑤다.

우수한 성적으로 대학을 졸업한 토미는 이내 한 유명 패션잡지의 기자로 채용됐다. 출근 첫날, 토미는 한 가지 목표를 세웠다. 대학생 시절에 모든 과목에서 늘 1등을 차지했던 것처럼 이 잡지사에서도 자신이 맡은 지면을 최고의 페이지로 만들겠다고 결심한 것이다.

하지만 페이지마다 고정된 독자층이 있고 실적도 막상막하여서 이런 상황을 깨고 독보적인 페이지로 부각시키기란 결코 쉬운 일이 아니었다. 토미는 자신의 목표를 이루기 위해 매일 밤을 새우다시피 하며 일에 매달렸다. 하지만 결과는 원하는 만큼 나오질 않았고 그저 스트레스만 쌓여갔다.

그러나 토미는 포기하지 않았다. 그는 휴일도 반납하고 심지어 점심시간까지 쪼개가며 거리로 나가 발로 뛰며 취재했다. 퇴근한 후에도 원고를 쓰고 조사를 하고 시장 수요를 분석하느라 제대로 쉬지 못했다. 사실, 그의 일은 어쩌면 단순하고 간단하게 끝날 수도 있는 일이었지만 토미는 언제나 엄청난 부담감에 시달렸다.

어느새 그의 생활은 온통 일에 점령당하고 말았다. 하루 종일 일만 생각했고, 어쩌다 친구들과 만나 놀기라도 하는 날에는 죄책감에 시달렸다. 그렇다고 일에서 즐거움을 얻는 것도 아니었고, 도무지 해결할 수 없는 피로감만 쌓여갔다.

토미는 갈수록 피폐해졌다. 장기간 누적된 정신적, 육체적 피로 때문에 취재를 나가서도 제대로 집중하지 못하곤 했다. 스스로 세운 목표 때문에 너무나 힘들고 괴로웠지만 그는 차마 누구에게도 솔직한 심정을 털어놓지 못했다.

정신적이든 육체적이든 피로가 쌓이면 당연히 괴롭고 힘들 수밖에 없다. 그런데 현대인은 스스로 높은 요구치를 설정하고 자기 자신을 가혹하게 몰아세우면서 도무지 쉬지도, 여유를 갖지도 않는다. 완벽해야 한다는 강박관념에 사로잡혀 있기 때문이다. 이런 생활이 계속될수록 피로는 점점 더 쌓여가고 동시에 삶은 점점 더 색채를 잃어간다.

이 세상에 완벽한 인생이란 존재하지 않는다. '완벽'은 허울 좋은 함정일 뿐이다. 그 실체를 들여다보면 끊임없는 스트레스만 가득하다. 때로는 실수도 하고 실패도 하는 것이 인생이다. 그러나 이를 인정하지 않고 어떤 부분에서든 '한 점의 오점'도 남기지 않겠다고 생각하는 순간, 우리는 불행의 늪에 빠진다.

멕시코 고원에서 과수원을 운영하는 제임스. 그는 매년 사과를 수확하면 배달 형식으로 고객과 직거래했다. 그러던 어느 해 겨울, 멕시코 고원에서는 보기 드문 우박이 한바탕 쏟아졌다. 그 탓에 곧 수확을 앞둔 사과가 몽땅 상처투성이가 되고 말았다. 그는 절망에 빠졌다. 상처투성이 사과를 어떻게 고객에게 판단 말인가! 고민에 빠진 그는 과수원을 서성이다가 무심코 사과 한 알을 따서 베어 물었다. 그런데 이게 웬일인가? 상처투성이 사과는 이전의 그 어떤 사과보다도 달고 아삭했다!

다음 날, 그는 사과를 모두 수확해서 상자에 담았다. 그런 뒤 상자마다 이런 쪽지를 붙여서 고객에게 보냈다.

'이번에 보내드리는 사과는 비록 못생겼지만 우박의 시련을 이겨 낸 덕에 더욱 달고 맛있습니다. 한번 믿고 드셔보십시오.'

다행히 못생긴 사과는 고객들의 호평을 얻었고 그는 파산의 위기에서 벗어날 수 있었다.

인생에는 완벽한 일보다 여기저기 흠집 나고 결함 있는 일들이 더 많이 일어난다. 하지만 때로는 못생긴 사과가 예쁜 사과보다 맛이 좋은 것처럼 완벽하지 않은 일들이 우리에게 더 큰 기쁨과 행복을 가져다주기도 한다. 문제는 우리가 늘 완벽한 것, 최상의 것을 바란다는 점이다. 기대가 클수록 우리는 자신에게 더 많은 것을 요구하고 더 큰 압력을 가한다. 그러나 이는 오히려 심리적인 사슬이 되어 우리의 손발을 묶고 일을 그르치게 만든다. 완벽하고자 하는 욕심이 이미 가지고 있는 소중한 행복조차 망가뜨리는 것이다.

매사에 완벽을 추구하는 것은 결코 권할 만한 일이 아니다. 사람은 누구나 불완전하지만 바로 그 불완전함 덕분에 각자가 고유하고 독특한 존재가 되는 것이다. 장 자크 루소(Jean-Jacques Rousseau)는 이 사실을 '대자연은 나를 빚어낸 뒤, 그 틀을 깨뜨렸다'라고 표현했다. 사람은 저마다의 모양을 가지고 있음을 강조한 것이다. 그러나 사람들은 종종 진정한 자신을 외면하고, 스스로를 다른 사람의 눈에 보이는 '완벽의 모양'으로 빚으려 애쓴다. 그러한 어리석음이 결국 인생을 괴롭고 힘든 것으로 만든다.

"우리가 살고 있는 사회 환경과 문화적 배경은 잘하는 것, 완벽한 것에 온통 초점이 맞춰져 있다. 부모는 아이가 완벽한 성적을 내야만 칭찬을 하고, 사장은 직원이 뛰어난 실적을 올려야만 보상을 한다. 사람은 습관적으로 다음 목표에 주목함으로써 평생 맹목적인 추구를 그치지 않는다."

문제는 목표와 현실 사이에 종종 괴리감이 생긴다는 점이다. 완벽을 향한 추구를 버리지 않으면 우리는 완벽해지고자 하는 목표와 현실 사이에서 엄청난 스트레스를 받을 수밖에 없다. 그러나 만약 자신의 불완전함을 인정하고 적절한 균형점을 찾는다면 인생은 훨씬 수월하고 가벼운 것으로 변한다.

때로는 구부릴 줄도, 펼 줄도 알라

미국은 자유주의를 표방하는 국가임에도 국민의 79퍼센트가 과도한 스트레스에 시달린다고 한다. 의사들이 환자에게 가장 많이 하는 말 역시 "스트레스를 주의하고 마음 편하게 지내라"는 것이다.

경쟁이 갈수록 심화되는 오늘날, 눈에 보이지도 만져지지도 않는 이 스트레스라는 괴물은 어디서나 사람들을 억누르고 있다. 그래서 현대인은 스스로 스트레스를 줄이는 법을 배워야 한다. 그렇지 않고 이를 방치해두면 결국 신체적, 정신적으로 엄청난 대가를 치러야 한다.

캐나다 퀘벡 시에는 남북으로 길게 뻗은 계곡이 있다. 이 계곡에는 한 가지 특이한 게 있는데 바로 서쪽 비탈에는 소나무나 측백나무, 당광나무 등 여러 종류의 나무가 자라는 데 비해 동쪽 비탈에는 온통 히

말라야삼나무 일색이라는 점이다. 계곡은 사람들의 관심을 끌었지만 이런 기이한 절경의 탄생 이유를 아는 이는 아무도 없었다. 그런데 한 부부가 그 비밀을 밝혀냈다.

그해 겨울, 파경 직전이던 부부는 서로 좋은 감정으로 헤어지기 위해 마지막 이별 여행을 떠났다. 마침 그들이 도착했을 때 계곡에는 엄청난 눈이 내리고 있었다. 펑펑 쏟아지는 눈을 가만히 지켜보던 부부는 바람의 방향 때문에 동쪽 비탈에는 서쪽 비탈보다 더 많은 눈이 촘촘하게 쌓인다는 사실을 깨달았다. 그 탓에 동편의 히말라야삼나무 가지 위에는 눈이 금세 소복하게 쌓였다. 하지만 아무리 눈이 쌓여도 가지가 부러지는 일은 없었다. 어느 정도 쌓이면 탄성 있는 가지가 아래로 축 휘어지면서 눈을 떨어뜨렸기 때문이다. 눈이 쌓이고, 가지가 휘어지고, 눈이 떨어지는 과정이 반복된 덕에 삼나무는 어느 한군데 부러진 곳 없이 온전한 모습을 유지할 수 있었다. 하지만 다른 나무들, 예를 들어 소나무 같은 경우는 이러한 '재주'가 없어서 눈이 두껍게 쌓이면 가지가 견디지 못하고 툭 부러져버렸다. 그 모습을 보던 아내가 남편에게 말했다.

"아마 옛날에는 동쪽 비탈에도 여러 종류의 나무가 있었을 거야. 다만, 그 나무들은 가지를 구부릴 줄 모른 탓에 폭설이 내릴 때마다 전부 부러지고 무너져서 결국 사라진 게 아닐까?"

남편은 말없이 고개를 끄덕였다. 잠시 후, 두 사람은 뭔가를 깨달은 듯 마주 보았다. 그리고 벅찬 감동을 느끼며 서로를 꼭 끌어안았다.

외부에서 압박이 오면 견딜 수 있는 만큼은 견뎌보아야 한다. 그러나 더 이상 견딜 수 없는 순간이 온다면, 그때는 구부러지는 쪽을 택해야 한다. 히말라야삼나무처럼 한발 양보할 줄도 알아야 하는 것이다. 그래야 스트레스에 짓눌리거나 부러지지 않을 수 있다. 살다 보면 수많은 스트레스와 필연적으로 직면한다. 이때, 히말라야삼나무처럼 몸을 구부리고 어깨 위에 쌓인 부담을 내려놓자. 그래야 부러지는 일 없이 다시금 허리를 곧게 펼 수 있다.

스트레스가 범람하는 오늘날, 진정한 행복을 얻으려면 때로는 구부릴 줄도, 돌아갈 줄도 아는 지혜가 필요하다. 지나치게 곧은 나무는 부러지기 쉽다. 태풍 속에서도 살아남는 것은 고집스레 곧게 뻗은 큰 나무가 아니라 바람에 따라 몸을 휠 줄 아는 유연한 나무다. 인생에서도 마찬가지다. 지금 우리에게는 융통성이 필요하다. 상황에 맞게 구부릴 줄도, 펼 줄도 아는 사람은 삶의 어느 순간에서도 즐거움과 행복을 찾아낸다.

프랭클린은 우울함을 감출 수 없었다. 얼마 전 직장 이사회가 그를 승진 대상으로 지명했는데, 경쟁자 하나가 그 자리에서 과거 그의 업무적 실수들을 하나하나 들추는 바람에 기회가 날아가버린 것이다. 아내마저 자신을 위로하거나 이해해주지 않았다. 결국 정신적으로 위기에 처한 그는 정신과 의사에게 상담을 받기로 했다.

그의 하소연을 들은 뒤, 의사는 별다른 말도 없이 자리를 비웠다. 다시 돌아온 의사는 그의 손에 얇은 고무줄 하나와 고리 달린 저울추

두 개를 주었다. 의사는 고무줄에 저울추 두 개를 모두 걸게 했다. 고무줄은 무게를 이기지 못하고 아래로 길게 늘어졌다. 어찌나 팽팽한지, 조금만 건드려도 곧 끊어질 것 같았다. 의사가 물었다.

"그렇다면 동료가 당신 대신 승진했나요?"

그는 고개를 저었다. 의사는 고무줄에서 추 한 개를 뺐고, 고무줄은 탄성에 의해 절반 정도 길이로 줄어들었다. 의사가 다시 물었다.

"아내와 사이가 도저히 회복할 수 없을 정도로 나빠졌나요?"

그는 또다시 고개를 저었다. 의사는 웃으며 나머지 저울추도 마저 뺐다. 그러자 고무줄은 원래의 모습으로 돌아왔다.

"자, 보다시피 지금 당신에게는 아무런 부담도 없습니다. 원래의 탄성을 회복하고 완전무결한 '동그란 고무줄'로 돌아왔지요!"

의사의 손에 들린 동그란 고무줄을 멍하니 보던 그는 그제야 무릎을 쳤다. 아무런 가치도, 의미도 없는 부담들을 먼저 내려놓아야만 자신의 인생이 원래의 모양을 회복할 수 있다는 사실을 깨달은 것이다.

심장질환 전문가인 통지아이(童嘉毅) 박사는 말했다.

"높은 스트레스를 지속적으로 받는 사람은 반드시 스스로 스트레스를 푸는 방법을 배워야 합니다. 스트레스는 건강을 해치는 주요 원인인데, 건강을 잃는다면 아무것도 소용이 없기 때문입니다."

스트레스를 많이 받았다고 느껴질 때는 음악이나 영화 감상, 혹은 짧은 여행을 통해 긴장을 풀고 스트레스의 지수를 낮춰야 한다. 바쁘다는 핑계로 스트레스를 방치하는 것은 절대 금물이다. 그때그때 적절히 풀어주지 않으면 계속 쌓여 결국 작은 문제에도 엄청난 스트레스를 받는 과민한 상태가 될 수 있기 때문이다. 만성적 스트레스가 빈번한 현대사회에서는 스트레스에 지혜롭게 대처할 줄 아는 사람이 진정한 행복을 찾을 수 있다.

▼

Happiness Studies at Harvard

"행복해지려면 다방면의 노력이 필요하다. 그중 운동 등의 신체 활동은 가장 빠르게 행복감을 체험할 수 있는 방법이다."

정신적 스트레스가 쌓일 때는 몸을 움직이는 것이 의외로 큰 도움이 된다. 갑갑한 집 안이나 사무실에만 틀어박혀 있지 말고 밖으로 나가 햇볕을 쬐고 가벼운 산책을 즐겨보자. 팽팽하게 당겨진 신경의 줄이 느슨해질뿐더러 세상이 여유롭게 보일 것이다.

졸리면 자고 피곤하면 쉬어라

중국사회과학원 미국연구소 국제문제 전문가 장궈칭(張國慶)의 저서《서서 자는 법을 배워라(學會站著睡覺)》에는 이런 내용이 있다.

'사람들은 하버드대 졸업생들이 세계 어디를 가나 인정받는 것만 부러워할 뿐, 그들이 학창 시절에 어떻게 생활했는지에 대해서는 깊게 생각하지 않는다. 실제로 그들은 사회에 진출한 후 하버드대 졸업생에 걸맞은 대우와 평가를 받기 위해 대학 시절 내내 햇볕 한번 쪼일 시간도 없이 공부에 매달린다.'

굳이 하버드대학교에 다니지 않아도 현대인은 저마다 공부에, 일에 치이며 바쁘게 살아간다. 다들 쉴 틈 없이 돌아가는 생활 속에 극심한 피로를 느끼면서도 당장 하고 있는 일을 손에서 놓을 엄두를 내지 못한다. 피로가 쌓이다 보니 겉으로는 시간을 알차게 사용하는 것처럼 보이지만 실질적으로는 일의 효율도 높지 않고 건강만 해친다.

이러한 상황을 타개하려면 피로를 적절히 풀어줘야 한다. 특히 피로가 쌓여 만성이 되기 전에 휴식을 취할 필요가 있다. 일단 몸과 정신이 피로하지 않아야 스트레스에 대한 저항력도 커지기 때문이다.

카터는 하버드대학교를 졸업한 후 한 소프트웨어 회사에 시니어 프로그래머로 들어갔다. 그는 입사 이후로 줄곧 과중한 업무와 스트레스에 시달렸는데, 가끔은 이러다 곧 죽을 것 같다는 생각이 들 정도로 힘들었다. 실제로 숨이 너무나 가쁘고 심장이 빨리 뛰어서 죽음의 공포를 느낀 적도 여러 번이었다. 결국 그는 의사를 찾아갔다. 증상을 토로하자 의사가 별것 아니라는 듯 말했다.

"걱정하지 않아도 됩니다. 업무 스트레스를 너무 많이 받아서 그래요. 좀 쉬면 곧 괜찮아질 겁니다."

그는 의사의 말대로 일주일간 휴가를 내고 집에서 푹 쉬었다.

그러나 한 주가 지난 후에도 상태는 나아지기는커녕 증상이 더욱 심해졌다. 그는 거의 미칠 지경이 되었다. 그때, 한 친구가 그에게 권했다.

"모교에 찾아가서 탈 벤 샤하르라는 교수님과 이야기해봐. 아주 흥미로운 분인데 아마 너를 도와주실 수 있을 거야."

샤하르는 그의 이야기를 듣고 난 뒤 말했다.

"사실, 당신은 큰 병이 아닙니다. 그저 업무 스트레스와 과도한 불안증이 합쳐져서 생긴 증상일 뿐이죠. 또다시 호흡 곤란이 일어나면 종이봉투를 대고 크게 심호흡하면서 마음을 가라앉히고 긴장을 푸세요. 업무 중에 잠시 이렇게 하는 것도 휴식이 될 수 있답니다."

다시 일상으로 돌아온 그는 샤하르의 조언대로 일상생활에서 최대한 긴장을 풀고 괜한 걱정을 하지 않으려 노력했다. 그러자 얼마 지나지 않아 그를 괴롭혔던 여러 증상이 상당히 호전됐다.

미국의 자동차왕 헨리 포드는 일하는 것을 운전에 비유해 말했다.

"일할 줄만 알고 쉴 줄 모르는 것은 브레이크가 없는 자동차를 운전하는 것만큼 위험하다."

카네기 역시 휴식의 중요성을 강조한 바 있다.

"휴식은 시간 낭비가 아니다. 오히려 휴식을 통해 정신을 맑게 만듦으로써 더욱 효율적으로 일할 수 있다."

적절한 휴식은 피로를 풀어줄 뿐만 아니라 쓸데없는 걱정이나 스트레스도 없애준다. 특히 지나치게 피로해지기 전에 휴식을 취하는 것이 중요하다. 일단 피로가 누적되기 시작하면 아무리 쉬어도 좀처럼 깨끗이 풀리지 않기 때문이다.

석유왕 록펠러는 생전에 엄청난 기록 두 가지를 세웠다. 하나는 당시 전 세계에서 가장 부유한 사람이 된 것이고, 다른 하나는 무려 아흔여덟 살까지 산 것이다. 그가 그처럼 장수할 수 있었던 까닭은 무엇일까? 그의 집안이 대대로 장수하는 가문이었다는 것 말고도 또 하나 중요한 요인이 있다. 그는 매일 점심 식사를 한 후, 사무실의 커다란 소파에 누워 반드시 30분간 낮잠을 잤다. 이 짧은 낮잠을 어찌나 중요하게 생각했는지 평소 "낮잠을 잘 때면 대통령의 전화가 와도 받지 않는다"는 농담을 할 정도였다.

　스트레스 해소법을 가르치는 어느 강연장에서의 일이다. 강사가 물 한 컵을 들어 보이며 청중에게 물었다.

"이 물 한 컵의 무게는 얼마일까요?"

　누군가는 250그램, 누군가는 500그램이라고 외쳤다. 청중은 저마다 예상치를 꺼내놓았다. 그러자 강사가 말했다.

"사실, 물의 무게는 중요하지 않습니다. 중요한 것은 이것을 얼마나 오래 들고 있을 수 있느냐 하는 것입니다. 일 분 정도는 누구나 들고 있을 수 있습니다. 한 시간이 흐른다면 팔이 아프겠지요. 만약 하루를 꼬박 들고 있자면 아마 팔에 문제가 생겨서 병원을 가야 할지도 모릅니다. 아무리 가벼운 것도 오랫동안 들고 있으면 무겁게 느껴집니다. 스트레스를 감당하는 것도 마찬가지입니다. 우리는 늘 스트레스를 받으며 살아가죠. 그런데 이것을 풀지 않고 방치한다면 나중에는 도저히 견딜 수 없을 정도가 될 것입니다. 그러한 상태가 되기 전에 미리 스트레스를 해결해야 합니다. 피곤하다면 하던 일을 내려놓고 푹 쉬십시오. 일단 쉬고 나면 같은 강도의 스트레스도 예전만큼 힘들거나 무겁게 느껴지지 않습니다. 오히려 감당할 만해집니다. 스트레스에 대응하는 가장 현명한 방법은 바로 잘 쉬는 법을 터득하는 것입니다."

　잘 사는 인생을 만들려고 아무리 노력한들, 건강을 잃으면 아무

소용이 없다. 무슨 일을 하든 건강을 담보로 삼으면 결코 행복해질 수 없다. 그래서 쉬지 않는 것은 곧 일을 제대로 하지 못하는 것과 같다. 휴식을 통해 피로를 적절히 풀어줘야 일의 효율도 올라가기 때문이다.

생활의 지혜는 다른 데 있지 않다. 배가 지나치게 고프기 전에 밥을 먹고, 너무 졸려 쓰러지기 전에 잠을 자며, 피곤해지기 전에 휴식을 취하면 된다. 아주 간단하고 기본적인 몇 가지만 지킨다면 삶은 훨씬 여유롭고 풍성해질 것이다.

▼

Happiness Studies at Harvard

"행복의 뿌리는 건강에 있다."
인생은 기나긴 여정이다. 진정으로 행복한 인생을 바란다면 자신의 몸과 마음을 세심히 돌볼 줄 알아야 한다. 졸리면 자고 피곤하면 쉼으로써 활력을 보충하자. 그래야 행복해질 기운도 난다.

스트레스를 내 편으로 만드는 법

최근 미국의 성인 사망자들 절반이 스트레스와 관련된 각종 질병으로 사망했다. 또한 근로자가 스트레스 때문에 의욕을 잃고 업무 효율이 떨어지는 것에서 비롯된 기업의 손실액은 매년 1,500억 달러에 달했다. 스트레스로 인한 정신적 고통을 치료하는 데 사용된 의료 및 사회복지 비용도 무시하지 못할 수준이다. 이러한 상황은 영국이나 노르웨이 같은 국가에서 모두 동일하게 발견되고 있다.

현대사회에서 스트레스는 국경을 초월한 '공통병'이다. 게다가 이 병은 완벽히 뿌리 뽑을 수도, 깨끗이 없앨 수도 없다. 이런 상황에서 우리가 선택할 수 있는 길은 단 하나, 바로 스트레스와 최대한 평화롭게 공존하는 법을 배우는 것이다.

오스트리아 출신의 유명 여류작가 비키 바움(Vicki Baum)에게는 어린 시절 잊지 못할 추억 한 가지가 있다. 어느 날, 그녀는 길을 가다가 넘어져서 팔꿈치와 무릎을 다쳤다. 마침 그곳에 있던 노인이 그녀를 일으켜주었는데, 예전에 서커스에서 곡예를 했다는 그 노인은 그녀의 옷에 묻은 먼지를 털어주며 말했다.

"네가 넘어져서 다친 이유는 몸에서 힘을 뺄 줄 모르기 때문이란다. 낡은 양말짝처럼 부드럽게 흔들릴 수 있어야 해. 그래야 몸에 힘이 과도하게 들어가지 않고 넘어지지도 않는단다."

"낡은 양말이요?"

어린 비키가 호기심 어린 눈빛으로 물었다. 그러자 노인은 다정하게 웃으며 고개를 끄덕였다.

"그래, 양말 말이다. 자, 가르쳐줄 테니 나를 따라 해보려무나."

비키는 노인을 보고 따라 하며 뛰는 법, 구르는 법, 다치지 않게 넘어지는 법과 재주넘는 법을 배웠다. 그동안 노인은 끊임없이 말했다.

"자기 자신이 한 켤레의 부드러운 낡은 양말이 되었다고 생각하고 몸에서 힘을 빼렴."

빠른 속도로 굴러가는 바퀴는 자기 마음대로 방향을 바꿀 수 없고 지나치게 당겨진 가야금 줄은 적절히 휘어지며 부드러운 소리를 낼 수가 없다. 마찬가지로 엄청난 긴장감과 스트레스 아래 하루를 살아가는 사람에게서는 건강한 활력을 찾아볼 수 없다. 때로는 자기 자신을 부들부들한 낡은 양말이라고 생각하고 모든 긴장을 풀어버리자. 신경이 느슨해지면 그토록 걱정했던 일도, 근심했던 문제도 별것 아니라는 생각이 들 것이다.

링컨은 "적을 없애는 가장 좋은 방법은 그와 친구가 되는 것이다"라고 말했다. 지혜로운 사람은 스트레스라는 적도 자신을 돕는 친구로 만든다. 그렇다면 대체 어떻게 스트레스와 친구가 될 수 있을까?

평상심을 가진다

스트레스가 많은 상황에서는 무엇보다 평상심을 찾고 유지하는 것이 중요하다. 평상심을 가지려면 먼저 스스로에 대한 과도한 욕심과 요구를 내려놓고, 지나치게 높은 목표를 세우지 말아야 한다. 실패의 경험이 계속되면 결국 자신감과 의욕을 잃고 작은 일에도 스트레스를 받을 만큼 예민해지기 때문이다. 삶은 발에 잘 맞는 신발처럼 편안함을 최우선으로 생각해야 한다. 자기 자신이 가장 편안하게 거할 수 있는 상태를 찾아보자. 그것이 바로 평상심이다.

천천히, 또 천천히 간다

1989년, 이탈리아의 음식평론가 카를로 페트리니(Carlo Petrini)는 '심지어 가장 바쁠 때라도 고향의 음식을 잊어서는 안 된다'는 기치 아래 '슬로푸드 선언'을 발표하고 국제슬로푸드협회를 창설했다. 이를 시작으로 유럽 지역에는 '슬로푸드 운동'이 뜨거운 기세로 퍼져 나갔다.

이러한 현상에서도 알 수 있듯이 현대인은 마음속 깊은 곳에서부터 '느림'을 갈망하고 있다. 한가로운 여름날 저녁, 평상에 누워 옥수수를 먹으며 할머니가 해주시는 옛날이야기를 듣던 추억이나 시간에 구애받지 않고 친구와 느긋하게 수다 떨고 책 읽던 기억이 바쁜 하루를 살아가는 우리의 마음을 건드리고 있는 것이다. 요즘에는 한 시간씩 산책을 하는 사람도, 두 시간씩 저녁 식사를 즐기는 사람도 보기 드물다. 여행지에 가도 주요 관광명소만 재빠르게 보고 다음 목적지를 향해 떠나지, 한곳에 오래도록 머물면서 찬찬히 풍경을 즐길 줄은 모른다. 생활이 이토록 바빠지면서 경제적으로는 눈부신 성장을 이뤘지만 정작 사람은 엄청난 스트레스만 떠안게 됐다.

생활의 리듬을 한 템포 늦춰보자. 무겁기만 했던 스트레스가 한층 더 가벼워지는 놀라운 경험을 하게 될 것이다.

스트레스를 동력으로 삼는다

타고르는 말했다.

"우리는 세상을 잘못 이해하고 있으면서 외려 세상이 우리를 속인다고 말한다."

우리는 스스로 스트레스를 만들고 있으면서 외려 스트레스가 자신을 고통스럽게 만든다고 원망한다. 사실, 조금만 생각을 바꾸면 스트레스도 얼마든지 세상을 살아가는 동력으로 변화시킬 수 있다.

스트레스 때문에 몸이 상하지 않았다면 우리가 어떻게 인생과 건강에 대해 좀 더 진지한 태도를 가질 수 있었겠는가? 스트레스가 없었더라면 평범하고 평화로운 일상의 행복과 가치를 어떻게 깨달을 수 있었겠는가? 이처럼 모든 것을 긍정적인 시각으로 바라보면 스트레스도 적이 아닌 친구, 원수가 아닌 인생의 동반자로 변한다.

스트레스와 평화롭게 공존하며 다스리는 법을 익히자. 그래야 비로소 진정한 마음의 안녕과 행복을 얻을 수 있다.

▼

"자신의 내면과 소통하는 것은 건물을 짓기 전 기초를 다지는 것과 같다. 기초를 잘 다져야 튼튼한 건물을 세울 수 있는 것처럼 자기 내면과 소통을 잘해야 타인과의 관계도 올바르게 맺을 수 있다."

스트레스에도 같은 이치가 적용된다. 스트레스는 내면의 적이다. 내면의 적을 먼저 극복하고 친구로 만들어야 이 세상을 살아가는 일이 훨씬 수월해진다. 스트레스와 지혜롭게 공존할 줄 아는 현명한 사람이 되자.

---------- ★ ----------

원망으로 자신을 고립시키지 말라

---------- ★ ----------

인생은 견디는 것이 아니라 누리는 것이다. 종종 인생은 우리의 뒤통수를 쳤다가도 언제 그랬냐는 듯 다정하게 사탕을 내민다. 말 그대로 한 치 앞도 알 수 없다. 그래서 웃음이 날 때도, 눈물이 날 때도 계속해서 살아가야 한다.

하지만 인생을 있는 그대로 받아들이지 못하는 사람은 늘 누군가를, 혹은 무언가를 원망한다. 하늘을 원망하고, 운명을 원망하고, 부모를 원망한다. 나를 이해해주지 않는 친구를 원망하고, 나를 힘들게 하는 상사를 원망한다. 그러나 아무리 근거가 타당해도 결국 원망은 감사와 기쁨을 전부 앗아간다. 그래서 원망하는 것만큼 어리석은 짓도 없다.

카네기는 말했다.

"운명이 당신에게 신 레몬을 준다면 그것을 달콤한 레모네이드로 만들어라.”

인생이라는 레몬을 신 것으로 남겨둘지, 아니면 달콤한 레모네이드로 만들지는 온전히 나 자신에게 달려 있다. 어떤 사람은 신 레몬을 맛보자마자 진저리치며 포기하지만, 어떤 사람은 포기하지 않고 그것을 솜씨 좋게 손질해서 달콤하고 시원한 음료로 만들어낸다. 그 차이를 만드는 것이 바로 마음가짐이다.

우간다 출신의 바시르 라마단(Bashir Ramathan)은 시각장애인 권투선수로 유명하다. 그는 원래 어엿한 직장과 가정을 지닌 평범한 사람이었다. 그러나 어느 날 갑자기 눈이 보이지 않게 되면서 불행이 연달아 그를 덮쳤다. 할머니가 돌아가시고, 아내는 그를 떠났으며, 형제자매들도 그를 모른 척했다.

그 후 그는 마을의 한 이슬람 사원의 도움을 받으며 옆집의 고아들이 끓여다주는 죽을 먹고 연명했다. 그의 곁에는 가족도, 친구도 없었다. 하지만 그는 그들을 원망하기는커녕 오히려 이해했다.

“그들에게도 나름대로 어려운 일이 많으니까 제 살길은 제가 찾아야지요. 게다가 다른 사람을 원망하는 것은 제가 마음이 불편해서 싫습니다.”

그는 남의 도움 없이 혼자서도 일상생활을 할 수 있도록 훈련하는 한편 새로운 도전을 시작했다. 권투를 다시 시작한 것이다. 눈이 멀기 전, 한때 권투를 한 그였지만 시각장애인이 된 후로는 모든 것을 새롭게 다시 배워야 했다. 청각과 후각을 동원해서 상대방의 위치와 방향을 느껴야 했기에 고된 훈련이 오랫동안 이어졌다. 하지만 그는 포기하지 않았다. 또한 자신과 마찬가지로 앞을 보지 못하는 사람들을 위해 여러 활동을 벌였다.

오늘날 그는 우간다의 영웅으로 우뚝 섰다. 우간다의 맹인체육협회 협회장은 그에 대한 칭찬을 아끼지 않았다.

"라마단은 실명한다고 해서 세상이 끝나는 것은 아니라는 사실을 사람들에게 증명해 보였습니다. 그는 권투계에 기적을 일으켰을 뿐만 아니라 강인한 의지, 절대 포기하지 않는 근성과 긍정적인 태도로 많은 사람에게 감동을 주었습니다. 그는 진정한 영웅입니다."

평소 원망이 몸에 밴 사람은 조금만 손해 보는 일이 생겨도 마치 자신이 세상에서 가장 불쌍한 사람이라도 되는 양 여기저기 하소연을 하고 다닌다. 또한 조금만 불공평한 대우를 받아도 화가 나서 어쩔 줄을 몰라 한다.

아무 문제없이 완벽하게 굴러가는 인생이란 없다. 가끔 손해 보는 것도, 불공평한 대우를 받거나 실패하는 것도, 좌절하거나 문제가 닥치는 것도 모두 인생의 한 부분이며 누구에게나 일어날 수 있는 일이다. 어차피 누구도 피할 수 없는 일이라면 차라리 겸허히 받아들이는 편이 정신적으로 훨씬 건강하고 유익하지 않겠는가. 안 좋은 일이 생겼다고 하루 종일 고개를 숙인 채 원망만 늘어놓는 사람은 자기 자신도 힘들지만 남도 힘들게 하기 때문에 결국 모두에게 외면받는다. 스스로 자신을 고립으로 몰아가는 것이다.

고통 속에 일생을 보내고 싶지 않다면 지금 당장 원망하기를 멈춰라. 남을 원망하면서 동시에 행복해질 수는 없다. 남을 위해서가 아니라 자기 자신을 위해 원망하는 마음을 버려야 한다.

인생에서 고통과 좌절은 모퉁이에 해당한다. 그 너머에 무엇이 있는지는 모퉁이를 돌아 나아가기 전까지 아무도 모른다. 그러니 그 앞에서 하늘만 원망하며 주저하지 말고 과감히 발걸음을 떼라. 행복해지려 노력하지 않고 원망만 하는 사람은 절대로 새로운 세상을 만날 수 없다.

▼

Happiness Studies at Harvard

"감정은 두 가지 요소의 조합에 영향을 받는다. 외부적 요인(발생한 일)과 내재적 반응(발생한 일에 대한 반응)이 바로 그것이다. 우리는 외부적인 요인을 완전히 통제할 수는 없지만 내재적인 반응은 자신의 뜻대로 온전히 선택할 수 있다. 그리고 여기에서 행복과 불행이 갈린다."
내재적인 반응을 선택하는 것, 이것이 바로 기쁠 때뿐만 아니라 힘들고 어려울 때도 행복을 붙잡을 수 있는 비결이다.

부정적인 태도로 불행을 복제하지 말라

로마의 시인 오비디우스(Ovidius)는 말했다.

"일 년 중 맑은 날과 흐린 날의 비율을 계산해본다면 태양이 얼마나 공평하게 세상을 두루 비추는지를 알게 될 것이다."

아주 나쁜 일에도 좋은 측면이 있다. 어떤 일을 만나든 평상심을 유지할 수만 있다면 세상의 모든 사물에는 양면성이 있음을 깨닫고 늘 평안한 마음을 유지할 수 있다.

나쁜 일은 나쁜 일일 뿐이다. 그것을 억지로 좋은 일이라고 말할 필요는 없다. 그러나 나쁜 일 속에서도 좋은 면을 찾아냄으로써 일 자체에 대해 새로운 관점을 갖는 것은 매우 중요하다.

퍼모나대학의 수잔 톰프슨(Suzanne Thompson)은 캘리포니아 대화재 때 보금자리를 잃은 이재민을 찾아가 인터뷰를 진행했다. 그런 뒤, 인터뷰 결과를 토대로 긍정적인 사람과 부정적인 사람이 어떻게 다른지를 설명했다.

그녀의 연구에 따르면 긍정적인 사람은 대화재에 대해 '그래도 좋은 면이 있었다', '다시 시작할 기회가 됐다', '새로운 계기를 찾았다', '가족이 모두 안전한 것만도 감사한 일이다'라고 표현했다. 그들은 긍정적이라고 해서 화재 자체를 '좋은 일'이라고 하지는 않았지만 그 안에서 좋은 부분을 찾으려고 애썼다.

또한 이후의 추적 조사를 통해, 그녀는 장기적으로 볼 때 긍정적인 사람이 부정적인 사람보다 실제로 더 많은 행복감을 느낀다는 사실을 확인했다. 그들은 걱정과 근심에 빠져 있기보다는 현재의 생활에 만족하며 훨씬 낙관적인 태도를 취했다. 또한 그 때문인지 신체적인 문제나 질병도 적었다. 긍정주의가 몸과 마음의 건강에 훨씬 유익하다는 사실이 증명된 셈이다.

삶은 거울이다. 그래서 자신이 어떤 얼굴로 있느냐에 따라 삶의 모양도 달라진다. 내가 웃으면 웃는 모습을 보여주지만 눈물을 흘리거나 화를 내면 삶도 똑같은 모습으로 나를 대한다. 좋은 일도 생기고 나쁜 일도 생기는 것이 인생이다. 그런데 나쁜 일이 생길 때마다 끊임없이 원망하고 불평하며 심지어 절망에 빠져버린다면 부정적인 생각과 감정이 생활 전반을 지배하게 된다. 그렇게 되면 결국 일 자체보다는 거기서 파생된 부정적 감정 때문에 더욱 괴롭고 힘들어진다.

카네기는 "사람은 자신이 생각하는 대로 살아간다"라고 말했다.

행복한 생각을 하면 행복하게, 건강한 생각을 하면 건강하게 살 수 있다. 하지만 비참한 생각을 하면 비참하게, 두려운 생각을 하면 두렵게 살 수밖에 없다. 그래서 자신이 지금 삶을 어떻게 보고 있는지가 가장 중요하다. 해가 쨍쨍 내리쬐는 곳일지라도 고개를 푹 숙이고 있으면 그림자밖에 보이지 않는다. 밝은 빛을 보고 싶다면 고개를 들어야 한다. 운명은 일부러 누군가를 괴롭히지 않는다. 다만, 우리의 마음가짐에 따라 그렇게 느껴질 뿐이다. 나쁜 일 속에도 좋은 일면은 있다. 이것을 찾아낼 수 있는 사람은 어떤 상황에서도 행복을 향해 간다.

"만약 십 년 전의 그 화재만 아니었다면 나도 다른 사람들처럼 멀쩡한 직장과 행복한 가정이 있었을 텐데!"

평소 대니얼은 거의 입버릇처럼 이 말을 중얼거렸다.

10년 전의 화재로 그는 시력을 잃었다. 더 이상 일을 할 수 없었던 그는 직장을 잃었고, 곧 아내마저 그를 떠났다. 결국 그는 홀로 거지 생활을 하며 이곳저곳을 전전했다.

어느 날, 그가 평소처럼 길가에 엎드려 구걸을 하고 있는데 저 멀리서 누군가 지팡이를 짚고 다가오는 소리가 들렸다. 그는 고개를 수그린 채 처량한 목소리로 외쳤다.

"한 푼만 도와줍쇼! 저는 불쌍한 장님입니다!"

지팡이 소리가 그의 앞에서 멈췄다. 그러더니 그에게 뭔가를 내밀었다. 대니얼은 그것을 받아서 찬찬히 만져본 후 깜짝 놀랐다. 백 달러짜리 지폐였기 때문이다. 그는 거듭 머리를 조아리며 말했다.

"감사합니다. 정말 감사해요! 진짜 마음씨가 좋은 분이시군요. 사실, 저도 예전에는 두 눈이 모두 멀쩡했답니다. 하지만 십 년 전에 바로 이 거리에 있던 한 술집에서 불이 나는 바람에……."

상대방은 아무런 대꾸도 하지 않고 가만히 서 있다가 곧 그의 어깨를 토닥이며 말했다.

"나 역시 그때의 화재로 시력을 잃었답니다. 게다가 얼굴에 큰 화상도 입었지요."

그는 깜짝 놀랐다. 하지만 곧 분노에 휩싸여 저도 모르게 소리쳤다.

"신은 내게 너무도 불공평합니다! 같은 재앙으로 똑같이 장님이 됐는데 한 사람은 돈이 있고 한 사람은 거지 신세라니요?"

상대방이 얼른 그를 달래며 말했다.

"나도 처음에는 신을 원망했습니다. 하지만 눈이 보이지 않으니 대신 귀가 점점 더 예민해지더군요. 예전에는 들으면서도 구분하지 못했던 소리들을 구분하고, 좋고 나쁜 소리도 구별할 정도로 말입니다. 그러자 이것도 나름대로 좋다는 생각이 들었습니다. 어떠한 불행이라도 반드시 좋은 점이 한 가지는 있게 마련이지 않습니까? 그래서 음향기기를 파는 사업을 시작했고, 다행히 성공했답니다."

똑같은 일을 당해도 그 일을 보는 관점이 어떻게 다르냐에 따라 부자가 될 수도, 거지가 될 수도 있다. 이 세상에 완벽한 인생은 없다. 당연히 불행은 사람을 가리지 않는다. 단, 부정적이고 비관적인 태도로 일관하는 사람에게는 불행이 복제되며 그 악순환이 계속될 뿐이다.

언제나 어떤 상황에서도 긍정적인 태도를 잃지 않는 것이야말로 불행을 극복하고 행복을 얻는 가장 좋은 비결임을 잊지 말라.

"진정한 행복은 고난과 좌절의 시험을 이겨내는 것에서 비롯된다."
이 세상에 나쁜 일을 당하고도 손뼉을 치며 좋아하는 사람은 아무도 없다. 아무리 긍정적인 사람이라도 그렇게 하지 못한다. 다만, 긍정적인 사람은 그 속에서도 긍정의 그 무엇을 찾아냄으로써 나쁜 감정을 이겨내고 행복을 향해 성큼 나아간다.

모든 것은 지나가고 반드시 좋아진다

한 치 앞을 모르는 인생이지만, 하늘이 자신을 보살피고 도와줄 것이라는 믿음이 있다면 일이 뜻대로 되지 않고 오히려 계속 벽에 부딪힐지라도 절망하거나 슬퍼하지 않는다. 왜냐하면 어떠한 상황도 시간이 지나면 좋아지리라는 확신이 있기 때문이다. 알리바바그룹의 마윈(馬雲) 회장의 말처럼 '오늘이 비참하고 내일은 더욱 비참할지라도 모레는 아름다울 수 있는 것'이 바로 인생이다. 다만, '불행이 닥치면 대부분의 사람은 내일 저녁에 죽어버리는 것이 문제'일 뿐이다.

신은 세상에 고통과 기쁨을 동일한 비율로 흩뿌린다. 그래서 늘 행복하기만 하거나 항상 불행하기만 한 인생은 없다. 어려울 때가 있으면 순조로울 때도 있게 마련이다. 하지만 사람마다 어려울 때를 대하는 태도가 다르기에 인생 전체의 모양이 달라진다. 긍정적인 사람은 늘 긍정적인 태도로 더 나은 내일을 위해 노력한다. 또한 문제나 어려움도 인생의 한 부분으로 겸허히 받아들임으로써 자칫 무미건조해질 일상에 생기를 불어넣는다. 그러나 부정적인 사람은 문제가 생기면 그것을 제대로 대면해보지도 않고, 실망과 절망이라는 껍데기 속에 틀어박혀 온종일 원망과 슬픔을 뱉어낸다. 인생의 문제를 대하는 두 가지 상반된 태도에 대해 샤하르는 다음과 같이 서술했다.

긍정적인 사람과 부정적인 사람은 이런 점이 다르다. 긍정적인 사람은 모든 일이 자신의 뜻대로 되지 않을 수 있다는 사실을 인정하는 동시에 아무리 안 좋은 일이라도 얼마든지 좋은 방향으로 바뀔 수 있다고 믿는다. 물론 그러려면 어느 정도 시간이 필요하다는 점도 잘 알고 있다.

흔히 "시간이 약이다"라고 말하는데 정말 그렇다. 슬픔, 상처, 치욕, 고통, 실망, 이 모든 것을 잊히게 하는 힘은 오직 시간에만 있다. 긍정적인 사람은 시간의 힘을 믿기 때문에 아무리 고통스럽고 힘든 일이 닥쳐도 절망하지 않는다. 물론 사람인지라 당연히 괴롭고 힘든 감정이 생기겠지만 이 또한 시간과 함께 지나갈 것을 알기 때문이다. 지나갈 것을 알기에 자신이 실패하는 것도, 부정적인 감정이 생기는 것도 모두 거부하지 않고 허락하는 것이다.

모든 것은 지나간다. 또한 반드시 좋아진다. 이를 인생의 신조로 삼고 도저히 극복할 수 없을 것 같은 문제가 생기거나 세상이 끝난 것 같은 절망이 찾아올 때 스스로를 일깨우자. 자신도 다른 사람과 마찬가지로 내일의 새로운 태양을 맞이할 자격이 있고 똑같이 새로운 하루를 부여받았다는 사실을, 그리고 그것을 대면할 용기만 있다면 모든 게 반드시 좋아질 거라는 사실을 말이다.

철학자 니체는 말했다.

"극도의 고통이야말로 정신의 최후 해방자다. 이러한 고통만이 비로소 인간을 크게 각성하고 깨닫게 한다."

고통의 경험과 감정은 인생을 더욱 풍성하게 만든다. 고통을 겪으면서 우리는 인생의 참된 모습을 깨닫고, 한 인간으로서 성장하며, 자신에게 주어진 것을 더욱 소중히 여길 수 있게 된다. 또한 이러한 성장통을 겪은 사람만이 남을 용서하고 포용하며 모든 것을 이해하는 넉넉함을 가질 수 있다.

20세기 초, 미국 미시시피 주 옥스퍼드에 어려서부터 문학에 탁월한 재능을 보인 청년이 살았다. 일찍이 창작 활동을 시작한 그는 문학계의 거장이 될 날을 꿈꿨다. 그가 관심을 가졌던 분야는 시였는데, 특히 애달픈 정서가 가득한 낭만파의 시를 사랑했다.

하지만 머릿속에 늘 시와 문학만 가득했기 때문일까. 그는 좀처럼 현실생활에 발을 붙이지 못했다. 처음에는 우체국에서 일했지만 반년도 안 되어 그만두었다. 그 후로 선원, 페인트공, 영업사원 등 여러 직업을 전전했지만 역시 오래가지 못했다.

어느덧 세월은 흐르고 흘러 그도 서른을 바라보는 나이가 되었다. 하지만 상황은 크게 달라진 것이 없었다. 그런 그를 보고 마을 사람들은 모두 혀를 찼다. 우울하고 부끄러운 마음을 이기지 못한 그는 결국 고향을 떠나 뉴올리언스로 갔다.

그곳에서 그는 한 노작가를 만났다. 노작가는 실의에 빠진 그를 위로하며 말했다.

"지금까지 이뤄놓은 게 없어도 괜찮네. 결국 다 잘될 거야! 모든 것이 시간 문제일 뿐이네. 자, 고향으로 돌아가게나. 가서 먼저 그 작은 마을을 소재로 글을 써보게."

노작가와의 만남을 통해 초심을 회복한 그는 고향으로 돌아가 두문불출하며 소설 창작에 몰두했다. 그리고 얼마 후 고향을 소재로 한 소설을 써 문학계의 주목을 받았고, 마침내 세계적인 작가로 성장했다. 그가 바로 20세기 미국에서 가장 위대한 작가 중 하나로 추앙받는 윌리엄 포크너(William Faulkner)다.

고난과 역경은 모든 사람이 거치는 필수 코스다. 어차피 모두가 거치는 과정이라면 눈물 흘리고 원망하는 대신 최선을 다해 최고의 결과를 이끌어내야 하지 않을까? 끝까지 포기하지만 않으면 된다. 포기하지 않으면 상황은 얼마든지 나아질 수 있다. 필요한 것은 시간뿐이다. 마음이 먼저 꺾이지 않으면 언제나 희망은 있다. 스스로 무너지지 않는 한 고난과 역경은 당신을 절대 무너뜨리지 못한다!

모든 불행이 재앙은 아니다. 생각하기에 따라 불행이 곧 축복일 수도 있다. 성장에는 반드시 고통이 뒤따른다. 동트기 전이 가장 어두운 법! 당장의 불행과 어려움이 미래의 행복을 빼앗지 못하도록 긍정적이고 바른 생각을 하는 훈련을 하자.

---★---------

행복을 두드려라, 그러면 열린다

---------★---------

세계적인 바이올리니스트 올레 불(Ole Bull)이 파리에서 연주회를 할 때였다. 갑자기 바이올린의 A현이 끊어졌다. 사람들은 모두 놀라고 당황했지만 정작 당사자인 그는 아무 일도 없었다는 듯 세 줄만으로 남은 파트를 완벽하게 연주해냈다. 이후 한 인터뷰에서 그는 이렇게 설명했다.

"바이올린 연주는 인생과 같습니다. 줄 하나가 끊어진다면 나머지 세 줄로 끝까지 연주해야 하지요."

톨스토이는 말했다.

"세상을 바꾸려는 사람은 많지만 자기 자신을 바꾸려는 사람은 얼마 없다."

사람들은 대개 문제가 생기면 외부 환경을 바꾸고 싶어 한다. 사실, 문제의 해결은 바로 자기 자신, 그것도 마음을 바꾸는 것에서부터 시작된다. 먼저 마음을 바꾸면 태도가 바뀌고 태도가 바뀌면 성격이 바뀐다. 그리고 성격이 바뀌면 인생도 그에 따라 변한다.

대략 두 세기 반 전, 프랑스 리옹에서 성대한 파티가 열렸다. 화기애애한 파티 분위기는 그러나 몇몇 손님이 한 역사화의 의미를 둘러싸고 쟁론을 벌이면서 험악해졌다. 파티 주최자는 곧 기지를 발휘해 곁에 있던 시종을 불러 그림에 대해 설명해보라고 청했다.

사람들은 한낱 시종이 무엇을 알겠느냐는 눈길을 보냈다. 하지만 바로 그 미천한 시종이 그림의 주제를 설명하기 시작하자 모두 놀라움을 감추지 못하고 술렁였다. 그만큼 시종의 설명은 심도 깊고 세밀했으며 관점 또한 반박할 여지없이 완벽하고 신선했다. 한 손님이 궁금증을 참지 못하고 시종에게 물었다.

"대체 어떤 학교에서 교육을 받으셨소?"

젊은 시종은 얼굴을 붉히며 대답했다.

"저는 아주 많은 학교에서 배웠습니다. 하지만 그중에서도 가장 오랫동안 머무르며 가장 많은 것을 배웠던 학교는 바로 '역경'이었습니다."

이 시종의 이름은 장 자크 루소였다. 루소는 평생 수많은 고난과 역경을 겪었지만 그것을 오히려 사회의 각 방면에 대해 심도 있게 연구하고 이해하는 기회로 삼았다. 그 덕분에 그는 방대한 지식을 습득했고, 이를 바탕으로 자신만의 위대한 사상을 만들어냈다.

고난과 역경은 아주 좋은 학교다. 왜냐하면 수없는 성공의 맹아가 바로 그곳에서 싹트기 때문이다. 이 사실을 기억해야 고난 속에서도 흔들리지 않고 밝은 미래를 기대할 수 있다.

제2차 세계대전 때, 정신과 의사 빅터 프랭클은 나치수용소에 수감됐다. 그는 인간 이하의 대우를 받을 때마다 전쟁이 끝난 후 강단에서 강의하는 자신의 모습을 상상했다. 내용은 수용소 내부의 심리학에 관한 것이었다. 그렇게 상상을 하면 당장 겪는 고통과 어려움도 모두 심리학 연구의 주제로 변했다. 그는 이 방법으로 참혹한 현실을 견디고 끝까지 살아남았다. 훗날 그는 이렇게 말했다.

"그들은 내게서 모든 것을 앗아갔지만 단 한 가지, 어떠한 태도로 역경을 대할 것인지를 선택하는 자유만큼은 빼앗지 못했습니다. 그 자유가 있는 한 아무도 내 허락 없이 나를 해치지 못합니다."

역경과 고통은 한 사람의 정신적 깊이가 어느 정도인지를 시험한다. 그래서 사람의 진가는 모든 일이 순조롭고 평탄할 때가 아니라 온갖 고난과 역경이 몰려올 때 비로소 드러난다. 어떠한 시련에도 끝까지 자기 자신을 포기하지 않는 사람만이 어두운 터널을 지나고 밝은 빛을 볼 수 있다.

심리학자 윌리엄 제임스는 이런 분석을 남겼다.

'세상에는 두 종류의 사람이 있다. 하나는 의지가 강한 사람이고, 다른 하나는 의지가 약한 사람이다. 후자는 고난과 역경이 왔을 때 늘 도망치며 쉽게 좌절하고 포기한다. 이들에게는 고통과 실패뿐이다. 하지만 의지가 강한 사람은 타고난 강인함과 인내심을 기반으

로, 어떠한 고난과 역경이 닥쳐와도 꿋꿋하게 이겨내는 특질을 가지고 있다.'

역경은 줄 하나가 끊어진 바이올린과 같다. 줄 하나가 끊어지면 물론 불편하긴 하겠지만 그렇다고 아예 연주를 할 수 없는 것은 아니다. 마음을 가라앉히고 침착하게 활을 움직인다면 줄이 모두 온전할 때처럼 아름다운 음악을 연주해낼 수 있다. 단, 줄이 끊어지는 순간 연주를 포기할 것인지, 아니면 계속 해낼 것인지는 모두 자신의 선택에 달려 있다. 당신이라면 어떤 선택을 하겠는가?

▼

Happiness Studies at Harvard
"진정한 행복은 고난과 좌절을 이겨낸 것이다. 지금 행복하지 않다고 해서 실망하거나 포기하지 말고, 행복을 찾고 발굴하라. 그 편이 훨씬 많은 것을 얻을 수 있다."
행복은 적극적으로 찾고 갈구하는 자의 것이다. 두드려라, 그러면 열릴 것이다!

마음의 속도를 늦춰라

초판 1쇄 인쇄 | 2022년 5월 2일
초판 1쇄 발행 | 2022년 5월 10일

지은이 | 장샤오헝 **옮긴이** | 최인애 **펴낸이** | 전영화 **펴낸곳** | 다연
주소 | (10550) 경기도 고양시 덕양구 삼원로 73 한일윈스타 1422호
전화 | 070-8700-8767 **팩스** | (031) 814-8769 **이메일** | dayeonbook@naver.com
본문 | 미토스 **표지** | 강희연

ⓒ 다연

ISBN 979-11-90456-41-8 (03320)